제16권
마법학교 1

영문법 원정대

지은이 장영준 | 구성·그림 나석환·뮤토

사회평론

- **외국인들을 어디서나 쉽게 접할 수 있는 환경이 되면서** 자신의 생각을 영어로 말하고 글로 쓰는 것이 점점 더 중요해지고 있습니다. 하지만 아이들은 물론이고 영어를 10년 넘게 배운 어른들도 영어로 말하고 쓰는 일을 어려워합니다. 영어는 미국이나 영국 사람들이 자신의 생각을 표현하는 언어입니다. 그러므로 영어를 제대로 구사하려면 영어를 쓰는 사람들이 무엇을 중요하게 생각하는지, 우리와 사고방식이 어떻게 다른지, 그러한 차이가 말을 하고 글을 쓸 때 어떤 규칙으로 나타나는지 등을 아는 것이 필요합니다.

- **영어로 말을 하거나 글을 쓸 때의 규칙, 이것이 바로 영문법입니다.** 영어 단어나 표현을 많이 알고 있다 해도 영문법에 대한 이해가 부족하면 정확하고 조리 있게 의사표현을 할 수 없게 됩니다. '구슬이 서 말이라도 꿰어야 보배'라는 속담이 있죠. 영어 단어나 표현이 구슬이라면 영문법은 그것들을 꿰는 실이라고 할 수 있습니다. 어느 정도 영어의 기초과정을 거친 어린이라면 영문법을 알아야 좀 더 수준 높은 영어를 구사할 수 있을 것입니다.

- **하지만 영문법은 아이들이 영어에 흥미를 잃게 되는 원인이** 되기도 합니다. 제 아이도 그랬습니다. 어릴 때는 영어에 곧잘 흥미를 보이더니 초등학교 4학년이 되어 영문법을 배우면서부터는 점점 영어 자체를 싫어하게 된 것입니다. 그도 그럴 것이 아이가 보는 영문법 책에는 어려운 한자식 문법 용어와 이해하기 어려운 설명으로 가득 했습니다. 그렇다고 영문법을 건너뛰고 안 가르칠 수도 없고 어떻게 할까 고민하다 영문법을 재미있는 만화로 만들어보면 어떨까 하는 생각에 이르렀습니다. 그 후 출판사 분들, 만화가 선생님들과 힘을 합쳐 만든 책이 바로 〈그램그램 영문법 원정대〉입니다.

- **〈그램그램 영문법 원정대〉를 15권까지 만들면서** 여러 가지 즐거운 경험을 할 수 있었습니다. 이 책의 첫 독자였던 아들이 영문법에 자신감을 갖고 영어에 다시 흥미를 붙이게 되었습니다. 저와 비슷한 고민을 했던 학부모들의 격려와 성원도 많이 받았습니다. 아이에게 〈그램그램 영문법 원정대〉를 보여 주었더니 몇 번이고 반복해서 읽고 명사의 수나 be동사의 변화, to 부정사와 관계대명사의 용법 등 어려운 문법 개념을 자연스럽게 익히고 이를 이용해 말을 하거나 글을 쓰게 되었습니다. 한 아이의 아빠로서, 또 영어를 연구하는 학자이자 교육자로서 매우 뿌듯한 일이 아닐 수 없었습니다.

- **독자 분들의 의견 중에는** 그동안 배운 영문법 내용을 총정리해 주는 책이 있으면 좋겠다는 이야기도 있었습니다. 〈그램그램 영문법 원정대〉를 한 권 한 권 읽으면서 영문법에 친숙해지고 자신감을 갖게 된 아이들에게 영문법을 체계적으로 정리한 책을 보여주면 아이들이 좀 더 확실하고 탄탄하게 영문법을 익힐 수 있을 것 같은데 시중에 나온 한두 권으로 정리된 영문법 책들은 여전히 어렵고 지루하다는 것이었습니다. 또 아이가 〈그램그램 영문법 원정대〉에 나온 학습문제는 공부가 아니라 놀이처럼 재미있게 풀어봐 좋았는데 문제 수가 적어 아쉬웠다는 말씀도 있었습니다.

- 　　　　학부모 분들의 이런 필요를 충족시키고 아쉬움을 해소시켜 드리기 위해 나온 책이 〈그램그램 영문법 원정대: 마법학교〉입니다. 이 책은 원정대 미션을 성공적으로 수행한 건, 빛나, 피오가 집으로 돌아가기 전 영문법 마법학교에서 그램펫들에게 영문법을 다시 한 번 배운다는 설정으로 이루어져 있습니다. 영문법을 총정리하는 성격을 유지하면서도 쉽고 재미있게 놀이처럼 영어를 익히게 한다는 〈그램그램 영문법 원정대〉의 장점을 충실히 담아냈습니다. 각 장이 끝나면 '마법학교 졸업시험'이라는 이름으로 학습문제가 나오는데 〈그램그램 영문법 원정대〉에 나온 문제보다 질적, 양적으로 보강되었고, 게임처럼 재미있게 구성되었습니다. 아이들은 흥미롭게 문제를 풀어보면서 배운 내용을 확인하고 자신의 실력이 어느 정도 향상되었는지도 점검해 볼 수 있습니다. 〈그램그램 영문법 원정대: 마법학교〉가 아이들의 영문법 실력을 튼튼하게 다지고 수준 높은 영어로 나아가는 데 길잡이가 되기를 기대해 봅니다.

- 　　　　'재미있는 영어 공부가 오래 간다.' 〈그램그램 영문법 원정대〉와 〈그램그램 영문법 원정대: 마법학교〉를 만들면서 마음속에 담아 둔 말입니다. 글로벌 시대에 영어는 학교 다닐 때만 공부하는 과목이 아니라 계속해서 배우고 익혀야 하는 도구입니다. 이런 영어를 공부하고 점수를 따야 하는 어려운 대상으로 받아들이면 금방 지치고 오래 갈 수 없을 것입니다. 반대로 재미있게 시작한 영어 공부는 앞으로도 계속 즐거운 경험으로 이어질 것입니다. 여러 어린이들의 재미있는 영어 공부에 이 책이 조금이나마 도움이 되기를 바랍니다.

차례

영문법을 왜 배워야 하지? ……………………………… 8
영어, 말의 순서 …………………………………………… 11

01 명사

❖ 명사란 무엇인가 ………………………………………… 18
졸업시험 명사 ①

❖ 관사 ………………………………………………………… 30
졸업시험 명사 ②

❖ 인칭대명사 ……………………………………………… 38
졸업시험 명사 ③

❖ 지시대명사 ……………………………………………… 48
졸업시험 명사 ④

❖ 명사의 소유격 …………………………………………… 58
졸업시험 명사 ⑤

02 동사

❖ 동사란 무엇인가 ………………………………………… 68
졸업시험 동사 ①

❖ be동사 …………………………………………………… 78
졸업시험 동사 ②

03 형용사

❖ 형용사란 무엇인가 ……………………………………… 90
졸업시험 형용사 ①

❖ 수량형용사 ……………………………………………… 102
졸업시험 형용사 ②

04 부사

✣ 부사란 무엇인가 ⋯⋯⋯⋯⋯⋯⋯⋯⋯ 116
✣ 부사의 형태와 문장에서의 위치 ⋯⋯⋯ 118
  졸업시험 부사 ①

05 시제

✣ 시제란 무엇인가 ⋯⋯⋯⋯⋯⋯⋯⋯⋯ 128
✣ 현재시제 ⋯⋯⋯⋯⋯⋯⋯⋯⋯⋯⋯⋯ 132
  졸업시험 시제 ①
✣ 과거시제 ⋯⋯⋯⋯⋯⋯⋯⋯⋯⋯⋯⋯ 140
✣ 미래시제 ⋯⋯⋯⋯⋯⋯⋯⋯⋯⋯⋯⋯ 144
  졸업시험 시제 ②
✣ be동사의 시제 ⋯⋯⋯⋯⋯⋯⋯⋯⋯⋯ 152
  졸업시험 시제 ③

06 전치사

✣ 전치사란 무엇인가 ⋯⋯⋯⋯⋯⋯⋯⋯ 162
✣ 장소전치사 ⋯⋯⋯⋯⋯⋯⋯⋯⋯⋯⋯ 164
  졸업시험 전치사 ①
✣ 시간전치사 ⋯⋯⋯⋯⋯⋯⋯⋯⋯⋯⋯ 172
  졸업시험 전치사 ②
✣ There is ~, There are ~ ⋯⋯⋯⋯⋯ 182
  졸업시험 전치사 ③

그램그램 마법학교 졸업시험 정답 ⋯⋯⋯⋯ 192

등장인물

그램그램 영문법 마법학교의 학생들

건(Gun)

그램그램 영문법 원정대의 사고뭉치. 리버스 마왕을 물리치고 무사히 집으로 돌아갈 줄 알았으나, 센텐스님의 테스트를 혼자 통과하지 못해 그램그램 영문법 마법학교에 강제로 입학하게 된다. 일주일 안에 졸업해야만 집으로 돌아갈 수 있다.

뉴이(Newey)

그램그램 영문법 마법학교의 신문부 기자. 새로운 일, 새로운 인물이라면 늘 열정적인 관심을 보인다. 건이 입학한 후부터 마법학교에서 벌어지기 시작한 미스테리한 일의 원인을 밝혀내려고 한다.

스몰리(Smally)

학교에서 늘 1등만 하는 부끄럼쟁이 우등생. 부끄럼을 많이 타는 성격 때문에 늘 조용히 지내지만, 건을 아주 동경하여 건과 가장 친한 친구가 되기를 열망하는 순수한 학생.

비키오 (Vikio)

그램그램 영문법 마법학교의 학생회장. 자신이 마법학교에서 가장 똑똑하고 잘난 줄 아는 고집불통. 마법학교에서 벌어지는 모든 일을 알고 싶어 한다.

레프티와 라이투 (Refty and Rightu)

성별이 다른 이란성 쌍둥이이며, 학생회장인 비키오의 보디가드를 자처하고 다니는 남매.

다크 쉐도우 (Dark Shadow)

정화된 그램펫 선생님들을 다시 사악하게 만들어 건을 비롯한 마법학교 친구들을 골탕 먹이는 의문의 인물. 건과 비키오의 표적이 된다.

그램그램 영문법 마법학교의 선생님들

그램그램 영문법 마법학교의 선생님들. 교장인 센텐스님의 권유를 받고, 마법학교에서 학생들에게 영문법 마법을 가르치고 있다. 예전에 원정대에 의해 정화되었으나 다크 쉐도우라는 의문의 인물에 의해 다시 사악하게 변하게 되고, 건을 비롯한 학생들을 괴롭히기 시작한다.

센텐스(Sentence)

텐스(Tense)

프레포(Prepo)

버브(Verb)

애드버브(Adverb)

나운(Noun)

그 외 인물들

그램킹(Gramking) 빛나(Bitna) 피오(Pio) 울랄라(Ulala)

영문법을 왜 배워야 하지?

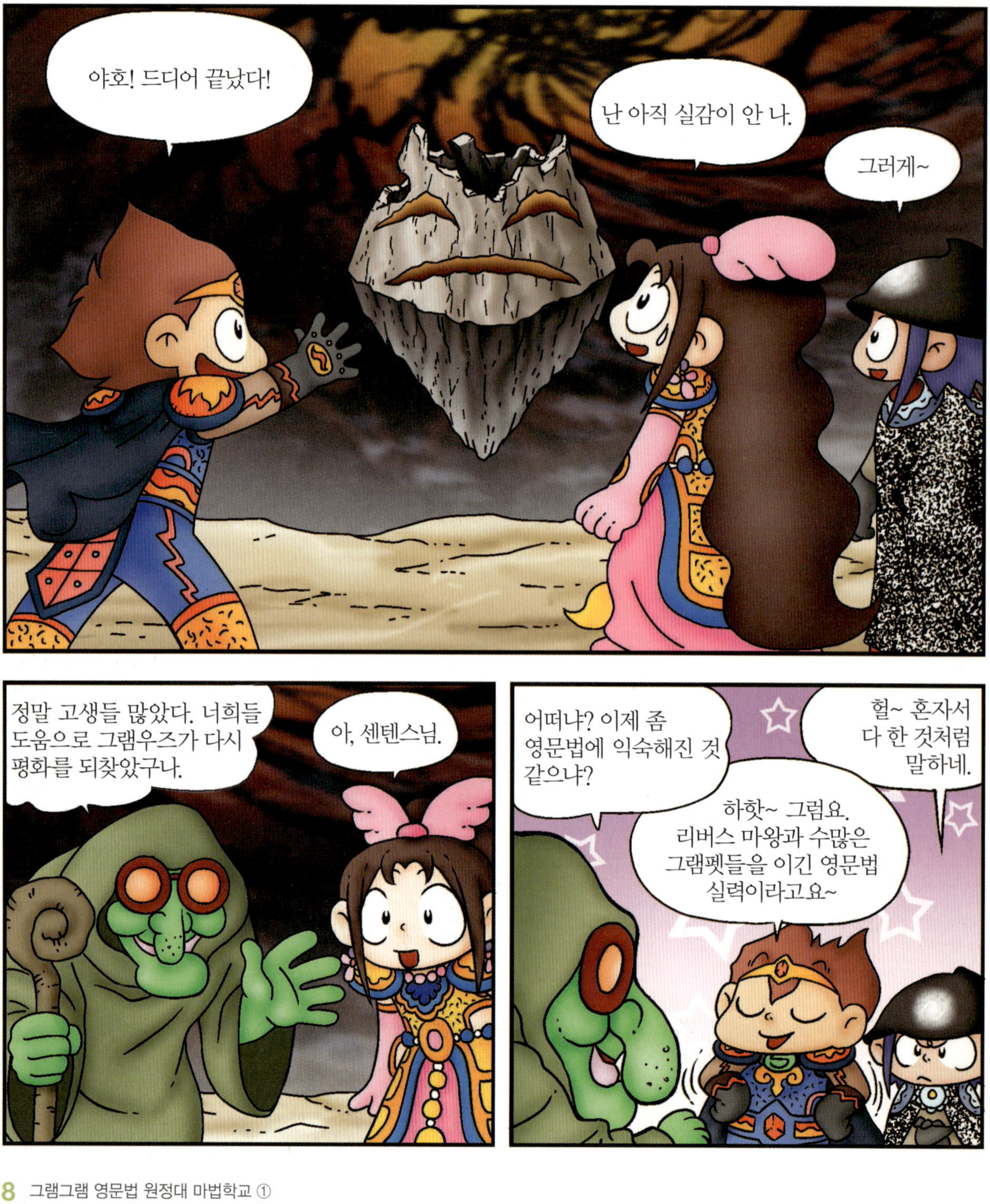

야호! 드디어 끝났다!
난 아직 실감이 안 나.
그러게~
정말 고생들 많았다. 너희들 도움으로 그램우즈가 다시 평화를 되찾았구나.
아, 센텐스님.
어떠냐? 이제 좀 영문법에 익숙해진 것 같으냐?
하핫~ 그럼요. 리버스 마왕과 수많은 그램펫들을 이긴 영문법 실력이라고요~
헐~ 혼자서 다 한 것처럼 말하네.

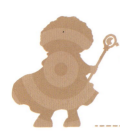

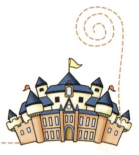

그런데 센텐스님, 꼭 이렇게까지 힘들게 영문법을 배워야 하나요?

그냥 배우라니까 배우는 거지! 왜 이래? 이제 막 그램그램 1권 읽어 본 사람처럼~

건이 넌 그래서 영문법 실력이 늘지 않는 거야.

영문법을 배우는 이유는 당연히 영어를 더 잘하기 위해서라고!

또 잘난 척하기는!

건이 넌 영문법을 배우면 영어를 더 잘하게 될 것 같으냐?

그렇죠. 그럴 걸요…? 그렇다고 한 것 같아요…

내가 언제?

자, 아기가 이렇게 말하는 걸 보면 어떠냐?

"엄마, 새를 하늘이 날아요."

귀엽기도 하지만 우습기도 해요.

그럼 어른이 이렇게 말한다면?

"엄마, 새를 하늘이 날아요."

완전 바보죠~ "엄마, 새가 하늘을 날아가요." 라고 해야죠.

누구 보고 바보래?!

정말 이상할 것 같아요.
무슨 말을 하려는 건지 대강
짐작은 할 수 있지만, 정확하게
이해하긴 힘들어요.

이 마법 얼른
풀어 주세요~

오냐, 알겠다.

빛나 말이 맞단다. 우리말에는
지켜야 하는 규칙이 있어서,
이 규칙을 지키지 않으면 무슨 말을
하는지 알 수가 없게 된단다.

영어도 마찬가지지. 영문법을
배우면 자신의 뜻을 영어로
조리 있게 전달할 수 있단다.

건아, 넌 나중에 또 딴소리
하지 말고 좀 받아 적어.

남이야 적든 말든 신경 끄셔~

아 참! 내 정신 좀 보게.

열차 시간에 늦겠다.
어서들 나를 따라오너라.

영어, 말의 순서

그런데 센텐스님,
기차역엔 무슨 일로 온 거죠?

여왕님께서 너희들에게
감사의 표시로 특별히
그램우즈 성에서
환송파티를 열어 주기로
하셨단다.

정말요?
와아! 신난다.

쳇, 그 생고생을
시켜 놓고 겨우 기차 타고
환송파티에 가는 거예요?

오호, 건이는 기차여행이
별로 마음에 안 드는
모양이구나.

그럼 여기서 문제를 하나 내마. 어순이 올바른 영어 문장이 쓰인 기차를 골라 타면 환송파티에 참석한 후 집으로 돌아갈 수 있단다.

하지만 어순이 잘못된 영어 문장이 쓰인 기차를 골라 타면 벌칙으로 그램그램 영문법 마법학교로 가서 졸업장을 받을 때까지 학교에 다녀야 할 거야.

Pio gets a train.

A train gets Pio.

풋~ 이젠 영문법은 누워서 떡 먹기죠.

그럴까? 다들 알겠지만 영어와 우리말은 말의 순서가 다르단다.

맞아, 우리말은 '누가, 무엇을, 어찌하다'의 순서로 말을 하지만, 영어는 '누가, 어찌하다, 무엇을'의 순서로 말을 해.

피오는	기차를	탄다.
(누가)	(무엇을)	(어찌하다)

Pio	gets	a train.
(누가)	(어찌하다)	(무엇을)

그렇지. 특히 영어는 말의 순서가 정말 중요하단다. 그 순서를 지키지 않으면 전혀 엉뚱한 뜻이 되거든.

우리말은 그렇지 않나요?

우리말에는 '은/는, 이/가, 을/를'과 같은 조사, 즉 말의 쓰임새를 도와주는 말이 있기 때문에 '내가 기차를 타요'라고 하지 않고 '내가 타요 기차를'이라고 해도 어느 정도 뜻을 알 수 있단다.

맞아요. 그렇지만 영어를 쓸 때 'Pio gets a train.'을 'A train gets Pio.'라고 하면 완전 황당한 뜻이 되는 거죠.

Pio gets a train.

기차가 피오를 탄다?

A train gets Pio.

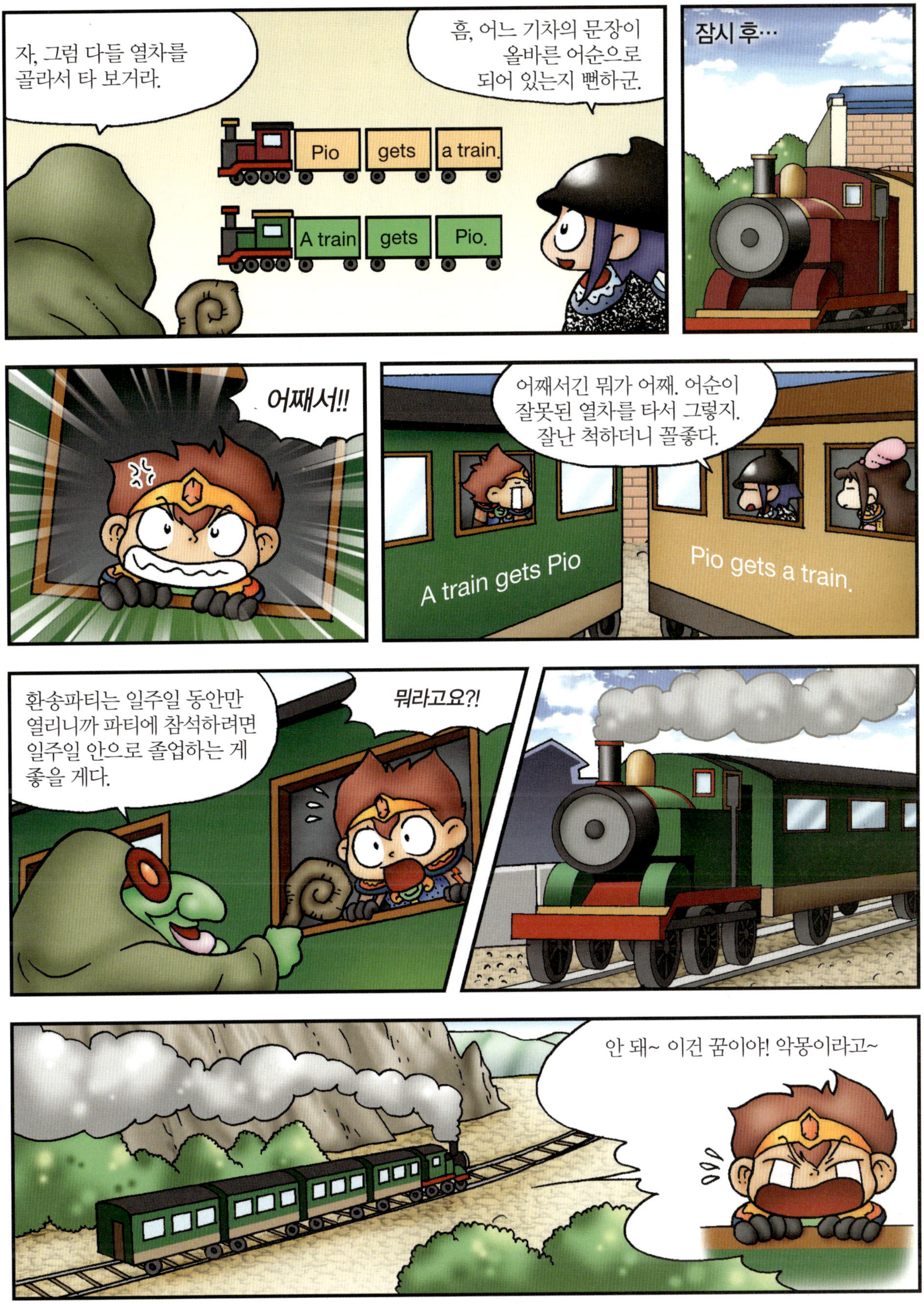

자, 그럼 다들 열차를 골라서 타 보거라.
흠, 어느 기차의 문장이 올바른 어순으로 되어 있는지 뻔하군.
Pio
gets
a train.
A train
gets
Pio.
잠시 후…
어째서!!
어째서긴 뭐가 어째. 어순이 잘못된 열차를 타서 그렇지. 잘난 척하더니 꼴좋다.
A train gets Pio
Pio gets a train.
환송파티는 일주일 동안만 열리니까 파티에 참석하려면 일주일 안으로 졸업하는 게 좋을 게다.
뭐라고요?!
안 돼~ 이건 꿈이야! 악몽이라고~

이게 뭐냐고~ 여기까지 와서 학교를 또 다녀야 하는 거야?

뭐야?!

어머, 놀랐니?

뭐야? 넌 누군데 함부로 남의 사진을 찍고 그래?

미안~ 내 이름은 뉴이, 신문부 학생기자야. 취재에 열중하다 보면 가끔 내 소개하는 걸 깜빡한다니까. 호호~

얘는?

아, 얘는 수줍음이 좀 많으니 이해해 줘. 스몰리, 너도 어서 인사해.

반…반갑습니다, 건님. 그램그램 영문법 마법학교에 오신 걸 진심으로 환영해요.

어라, 내 이름을 어떻게 알고 있지?

그램우즈를 구한 영웅인 영문법 원정대를 모르는 사람은 세상에 하나도 없을 걸요.

홋~ 내가 좀 유명하긴 하지. 이놈의 인기는 식을 줄도 모른다니까.

야! 비켜! 왜 앞길을 막고 서 있는 거야?

뭐라고? 너야말로 넓은 길 놔두고 왜 하필 여길 지나가는 거야?

오호, 그램우즈를 구한 영웅이시다 이건가? 하지만 나한테는 그런 건 통하지 않아.

미리 충고하지만 똑바로 하는 게 신상에 좋을 거야! 가자, 애들아.

조심하라고!

뭐야? 쟤네들은…

비키오라고 우리 학교 학생회장인데 성격이 좀 까칠하니까 괜히 건들지 않는 게 좋을 거야.

땡땡 땡땡 땡땡

앗, 수업 종소리야. 서둘러! 이러다간 늦는다고.

흥, 알게 뭐야? 난 돌아갈 거라고!

수업 같이 들어요…

으아~ 나보고 일주일 만에 어떻게 졸업하라고!! 센텐스님 미워~

명사란 무엇인가
관사
인칭대명사
지시대명사
명사의 소유격

01
명사

명사란 무엇인가

건님이다!

사인 받아야지~

아호~ 이거 학교 다닐 만하네.

여러분, 수업 시작 할게요. 다들 자리에 앉아 주세요.

앗, 나운 선생님 오셨다!

아, 건님도 계시는군요. 오랜만이에요.

어라, 그램펫이네? 그런데… 누구더라?

〈그램그램 영문법 원정대〉 1권에 맨 처음 나왔는데…

아, 맞다. 파인애플!

파인애플이 아니에요! 명사를 다스리는 그램펫 나운이라고요!

명사?

네, 맞아요. 명사는 물건, 장소, 사람 등을 가리키는 모든 사물의 이름이랍니다.

물건 book, bag, dog …
사람 Gun, Pio, Mary …
장소 school, house, Seoul …

졸지 말고 잘 들으세요!

앗! 나운 선생님이 이상하게 변했다!

크하하

두둥

드디어 다시 만났군! 이젠 날 기억하겠지?

앗! 너…너는!!

덩치만 컸던 파인애플?

그런데 넌 그때 나한테 엄청 혼나고서 왜 또 나타난 거지?

야! 내가 언제!!

네가 아직 정신을 못 차렸구나.

이젠 네 똑똑한 친구들도 곁에 없으니 너 혼자는 아무것도 아니라고!

아, 맞다! 빛나랑 피오가 없잖아!

천만에! 대신 그램그램 영문법 마법학교를 대표하는
우리가 있다는 걸 잊지 말라고!

쳇, 너희 같은 조무래기들이
셀 수 있는 명사를
제대로 알고나 있을까?

잠깐 기다려 봐.
그거 1권 몇 페이지에 나왔더라?

그…그래도 사물이 한 개인
단수 명사 앞에는 a나 an을 쓰고,
사물이 여러 개인 복수 명사 뒤에는
-s를 붙인다는 건 절대 안 가르쳐 줘!

…라고 네가 말해 줬어.

아잇! 아픈 기억을 떠올리게 하지 마!

an ant

two ants

a book

three books

그러고 보니 빛나가 복수 명사를
만드는 방법을 말해 줬었네.

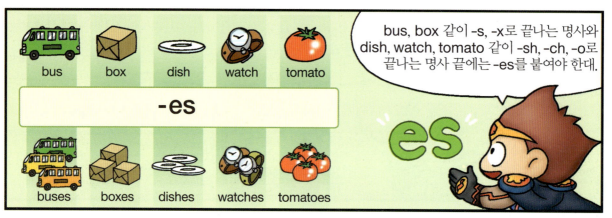

bus, box 같이 -s, -x로 끝나는 명사와 dish, watch, tomato 같이 -sh, -ch, -o로 끝나는 명사 끝에는 -es를 붙여야 한대.

bus	box	dish	watch	tomato

-es

buses	boxes	dishes	watches	tomatoes

자음+y로 끝나는 명사는 y를 i로 고치고 -es를 붙여 복수형으로 만든다는 피오의 얘기는 별로 관심 없고.

candy   lady

자음 + y

- ies

candies   ladies

어머, 얘가 피오야? 핸섬하다~

우엑! 어딜 봐서?

잠깐만요. 모음+y로 끝나는 명사는 끝에 -s만 붙이면 된다는 거 잊지 마세요.

key   boy

모음 + y

- s

keys   boys

영어에서 모음은 a,e,i,o,u를 말하는 거고, 그 나머지 알파벳은 자음이라고 아시면 돼요.

그런데 자꾸 자음, 모음 하는데 그게 뭐야?

마지막으로 f, fe로 끝나는 명사는 f, fe를 v로 고치고 -es를 붙여요.

오호, 너 뭐 좀 아는구나. 키는 작지만.

leaf — leaves

knife — knives

wolf — wolves

이래 봬도 스몰리는 우리 학교 최고 우등생이라고요. 키는 작지만.

키 얘기는 그만하세요!

어이~ 뭣들 하는 거야?
날 무시하지 말라고!
나 화나면 무섭다!

깔깔깔 호호호
하하

거기 비켜!

너희들이 집합명사에 관해서는
모르는 것 같으니 학생회장으로서
한마디 하겠어!

family, class, team처럼 사람이나 물건 등이 모여
이룬 집합을 나타내는 명사를 집합명사라고 해.
이런 집합명사도 셀 수…

family

team

two families, three classes처럼
셀 수 있다는 말을 하려는 거야?

학생회장님이 말씀하시는데
감히 끼어들다니!

학생회장이면
다야?!

두둥

뭐야, 이 자식들
실력이 장난이
아니잖아…

셀 수 있는 명사는
포기하고 셀 수 없는
명사로 공격해야겠다.

그램그램 원정대의 영웅이라면
당연히 셀 수 없는 명사도
잘 알겠지?

앗! 내가
먼저 말하려고
했는데…

그건… 개인적으로
안 좋은 추억이 있어서…

Fires!

water, bread, milk, paper, coffee 같이 일정한 모양과 크기가 없어서
한 개, 두 개 셀 수 없는 명사를 물질명사라고 하지.
셀 수 없으니까 뒤에 -s를 붙여서 복수형으로
쓸 수 없다는 건 당연하겠지?

water   bread   milk   paper   coffee

왜 셀 수 없어? 우유 한 잔, 두 잔,
종이 한 장, 두 장 이렇게 세잖아.

야, 너 바보 아냐?

이게 누구보고 바보래!

우유를 큰 컵에 담아도 한 잔이고,
작은 컵에 담아도 한 잔이잖아.

담는 그릇에 따라 양이 달라지니까
한 개, 두 개 셀 수 없고, 그걸 담는 용기나
형태의 수로 나타낼 수밖에 없는 거지.

a bottle of water   two cups of milk   a piece of paper   four slices of bread

love, music, peace, art와 같이
뜻은 있지만 눈으로 볼 수 있는 뚜렷한
모양은 없는 추상명사도
셀 수 없는 명사죠.

love   music   peace

이봐, 특정한 사람이나
사물의 이름인 고유명사도
셀 수 없는 명사라고~

고유명사?

이런 게 다 고유명사라고 내가 1권에서 가르쳐 줬잖아!

도시 이름	New York	Seoul	Paris
사람 이름	Bitna	Tom	Pio
요일 이름	3 4 5 6	Monday Saturday Sunday	

아, 맞다! 첫 글자는 항상 대문자로 쓰는 그 고유명사 말이지?

그런데 너 셀 수 없는 명사로 공격한다고 하지 않았어?

헉! 또 먼저 가르쳐 주고 말았네.

포기하세요. 건님이 이번에도 멋지게 승리하실 테니까요.

후훗, 천만에! 결투는 이제부터 시작이야.

the a an

과연 저 녀석 실력으로 명사의 모자인 관사를 상대할 수 있을까?

헉! 관사는 또 뭐더라…

1 그램펫 나운 선생님이 단어들을 소환하고 있어요. 이 중에서 명사만 골라 동그라미 하세요.

2 그램펫 나운 선생님이 메모지에 명사들을 적어 붙여 두었어요. 메모지에 적힌 명사들을 아래의 장소, 사람, 물건용 칠판에 분류하여 적어 보세요.

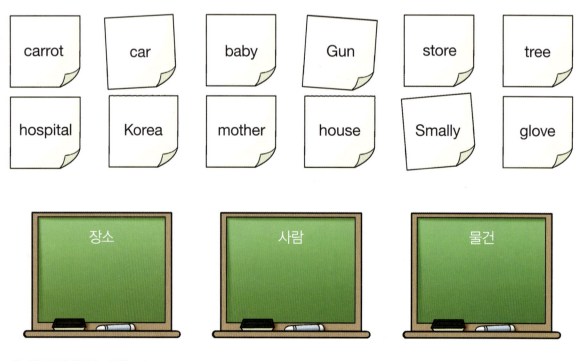

3 학생회장 비키오와 건이가 셀 수 있는 명사를 찾는 대결을 하고 있군요. 여러분도 퍼즐에서 셀 수 있는 명사를 찾아 동그라미 하세요.

	O								
M	I	L	K		M	O	N	K	E	Y
	L				O				
			L	O	N	E	Y		
	C		O		E			D	
	U		V		Y	E	L	L	O	W
	P	I	E				E		
				J	U	M	P		
	A					O			
	T	A	B	L	E		A	N	D

4 그램펫 나운 선생님이 학생들 몰래 책 속에 그림을 그려 놓았어요. 왼쪽 그림을 설명하는 단어 두 개를 오른쪽 페이지에서 골라 동그라미 하고, 아래 밑줄에 직접 써 보세요.

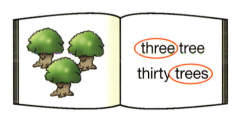

three tree
thirty trees

___three___ ___trees___

five book
fives books

_____ _____

two cat
twelve cats

_____ _____

seven doll
eight dolls

_____ _____

5   건이가 명사 시험을 쳤어요. 채점해 보니 틀린 곳이 많네요. 빨갛게 밑줄 친 부분을 바로 잡아 올바르게 써 주세요.

---

(1)   They have <u>two bench</u>.

          (▶   )

(2)   <u>Loves</u> is very important.

(▶   )

(3)   The <u>babys</u> are crying.

      (▶   )

(4)   My father has <u>many book</u>.

            (▶   )

(5)   I go to <u>churchs</u> on Sunday.

      (▶   )

---

6   테이블 위에 여러 가지 사물들이 놓여 있네요. 각 그림 아래에 수량에 맞게 정확한 단어로 표현해 주세요.

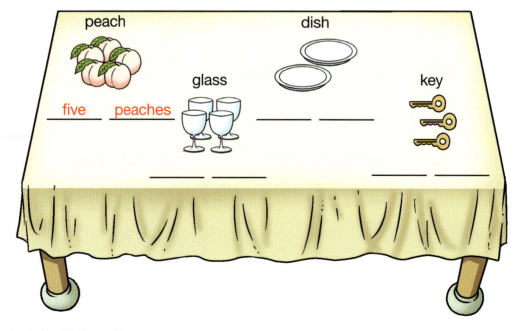

7 각 그림을 보고 어떻게 표현하면 되는지 보기에서 알맞은 단어를 골라 빈칸을 채우세요.

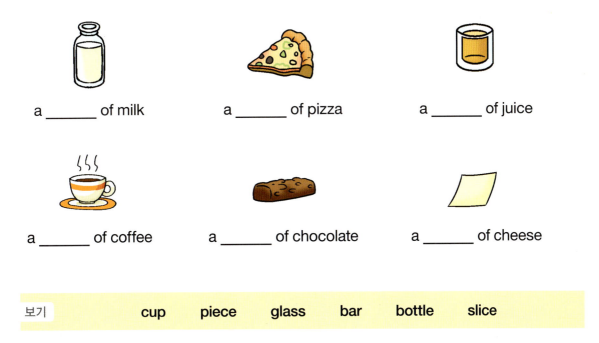

a _____ of milk   a _____ of pizza   a _____ of juice

a _____ of coffee   a _____ of chocolate   a _____ of cheese

| 보기 | cup | piece | glass | bar | bottle | slice |

8 다음 명사들은 -s나 -es를 붙여서 복수형을 만드는 단어가 아니에요. 그림 아래의 두 단어 중 알맞은 복수형을 골라 동그라미 하세요.

man
[mans
  men]

woman
[women
  womans]

foot
[foots
  feet]

mouse
[mouses
  mice]

goose
[geese
  gooses]

child
[children
  childs]

관사

명사의 모자라고 할 수 있는 관사는 명사 앞에서 명사의 특성을 분명하게 밝혀 주지.

자, 이제 마법봉을 사용해서 정정당당하게 붙어 보자고!

이건 예전에 빛나가 받았던 명사의 마법봉이잖아?

지금부터 내가 소환하는 명사에 관사를 붙여라! 잘못 붙이면 그 명사의 공격을 받게 될 테니 각오하라고!
lion!

A lion!

음, 셀 수 있는 명사가 하나 있을 때는 a를 사용한다는 건 너무 쉬웠나?

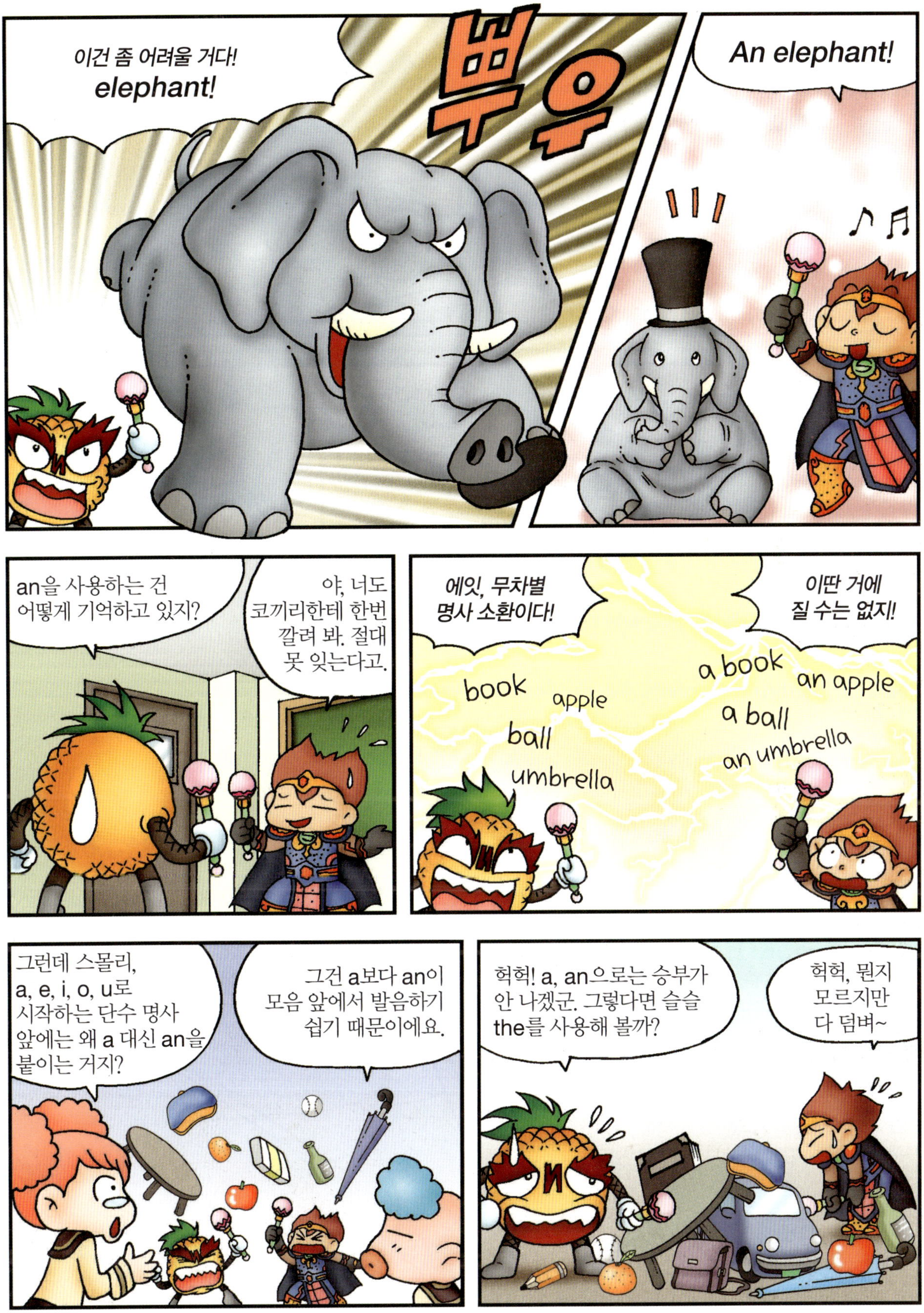

이건 좀 어려울 거다! elephant!
뿌우
An elephant!
an을 사용하는 건 어떻게 기억하고 있지?
야, 너도 코끼리한테 한번 깔려 봐. 절대 못 잊는다고.
에잇, 무차별 명사 소환이다!
이딴 거에 질 수는 없지!
book
apple
ball
umbrella
a book
an apple
a ball
an umbrella
그런데 스몰리, a, e, i, o, u로 시작하는 단수 명사 앞에는 왜 a 대신 an을 붙이는 거지?
그건 a보다 an이 모음 앞에서 발음하기 쉽기 때문이에요.
헉헉! a, an으로는 승부가 안 나겠군. 그렇다면 슬슬 the를 사용해 볼까?
헉헉, 뭔지 모르지만 다 덤벼~

훗~ the를 모른단 말이지?
a, an이 '정해지지 않은 어떤 것'을 가리킨다면,
'정해진 것'을 가리킬 때는 the를 사용하지.

그리고 sun(태양)처럼 세상에
하나밖에 없어서 누구나 알 수 있는
유일한 것 앞에도 the를 쓴다고.

유일한 것에도
the를 사용한다고?

the sun
the moon
the earth

그럼 난 The Gun이겠군!

헐~ 사람 이름 앞에는
관사를 함부로 붙이면 안 돼!

Tom, Mary처럼 사람 이름은
맨 앞 글자를 항상 대문자로
표시하기 때문에 관사 같은
모자가 따로 필요 없다고.

Tom
Mary
Pio

스몰리, 그럼 a 대신 an을 쓰는 것처럼
the도 모음 앞에서는 다른 걸 사용해야 하니?

아뇨. the는 모음, 자음 앞에서
모두 the를 써요. 대신 발음을 다르게 하죠.

the lion [더 라이온]
the book [더 북]

the elephant [디 엘리펀트]
the apple [디 애플]

야야! 내가 말할 땐 끼어들지 말란 말야!

방해해서 미안~

흠흠~ 그럼 계속해서 the를 설명할 테니 잘 들으라고.

the는 상대방이 어떤 걸 말하는지 충분히 알 수 있는 명사 앞에 사용하거나

뭐야? 이 분위기.

Close the door!

Close the door!

Give me the ice cream!

앞 문장에서 말해서 무얼 가리키는지 이미 알고 있는 경우에도 단수, 복수에 상관없이 the를 사용하지.

I have a dog.
The dog is cute.

까오~

아우~ 답답해 미치겠네. 비켜!

승부라더니 또 다가르쳐 주고 있잖아.

뻥

어라? 나운 선생님이 다시 정상으로 돌아왔네.

마법학교의 학생회장인 이 비키오님께서 친히 너를 상대해 주겠어.

영광인 줄 알아!

이거 어떻게 돌아가는거?

1 사다리를 타고 내려가 각 명사에 어울리는 관사를 찾아 주세요. 명사에 관사를 붙여 아래 밑줄에 정확히 써 주세요.

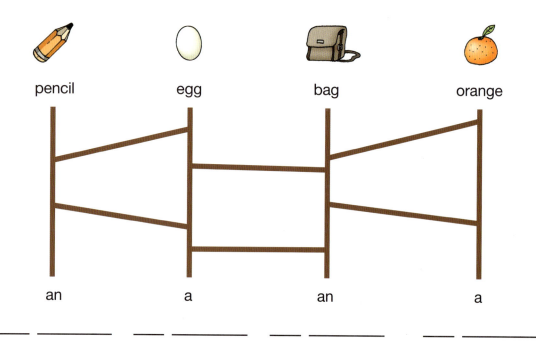

_____   _____   _____   _____

2 야구공을 두 바구니에 나누어 담으려고 합니다. 공 아래 적힌 단어가 a와 어울리는 야구공은 a가 적힌 바구니로, an과 어울리는 야구공은 an이 적힌 바구니로 선을 그어 연결해 주세요.

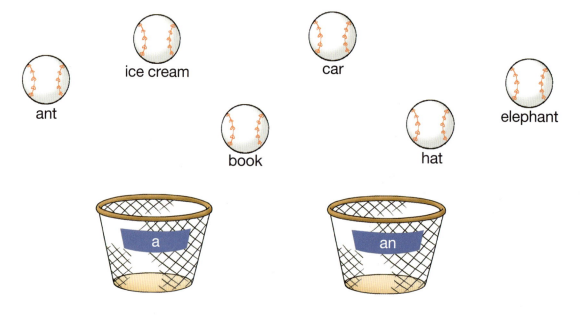

3 건이가 명사들을 표에 적어 놓았어요. 표 안에 있는 명사들 중 유일하게 **the**만 쓸 수 있는 것들을 골라 동그라미 해 주세요.

north	note	(sky)	pencil
air	computer	moon	Friday
earth	mountain	Mary	world

4 무섭게 변한 그램펫 나운 선생님을 원래 모습으로 돌아오게 하려면 이 문제를 모두 맞혀야 한대요. 각 문장에서 밑줄 친 부분이 맞으면 괄호 안에 O표를, 틀리면 X표를 하세요.

This is <u>a</u> envelop.　　　(　　　)

<u>The</u> Mary likes me.　　　(　　　)

I have <u>an</u> uncle.　　　(　　　)

<u>The</u> sun is hot.　　　(　　　)

There are stars in <u>a</u> sky.　　　(　　　)

5 건이에게 각 문장에 필요한 관사 모자를 고르는 미션이 주어졌어요. 각 문장의 빈칸에 들어갈 관사를 골라 직접 써 주세요. 관사가 필요 없으면 빈칸에 **X**표 하세요.

- My father is _____ teacher.

- _____ earth is round.

- We have no class on _____ Sunday.

- I have _____ aunt.

- _____ sun is in _____ sky.

6 건이가 마법학교에서 여러 가지 사진을 찍었어요. 각 사진을 보고 관사 a, an과 사진 아래에 적힌 명사를 이용하여 문장의 빈칸을 모두 완성하세요.

queen

ball

bird

car

orange

_____a_____ _____queen_____ in the picture

_____ _____ in the box

_____ _____ on the tree

_____ _____ in the street

_____ _____ on the table

7 그램펫 나운 선생님이 건이에게 네 가지 선물을 줍니다. 선물을 그린 오른쪽 네 가지 그림을 보고 관사와 명사를 이용하여 빈칸을 완성하세요.

I have _____.

It's _____.

It's _____.

I have dogs.
_____ are small.

8 뉴이가 관사를 잘 몰라서 학교 신문에 낼 기사를 완성하지 못했군요. 빈칸에 알맞은 관사를 써서 기사를 완성하세요.

GramGram Times

There is _____ cat in the garden.
_____ cat has black stripes.
_____ cat is very cute.

The classroom is very cold.
The students say, "Please close _____ door
and _____ windows!"

인칭대명사

시골 시골

어라?

이 반은 왜 이리 시끄럽지?

지금은 나운의 명사 수업 시간일 텐데.

너희들, 잠깐 나 좀 볼까?

앗, 당신은!!

너희들이 나 좀 도와줘야겠어.

설마 그 마법봉은…

스윽

훗! 내 영문법 마법이 장난이 아니란 걸 깨닫게 해 주지.

내가 왜 너랑 대결해야 하는데?

나를 상대하기가 겁나는구나?

아니거든~ 난 그냥 얼른 졸업장 따서 환송파티에 가고 싶은 마음뿐이야.

풉, 말도 안 되는 소리는 그만하고 각오나 단단히 하라고!

?!

뭐야, 정전인가?

하핫! 과연 네가 졸업장을 무사히 딸 수 있을까?

누구야? 얼른 다시 불 켜지 못해?

오랜만이군. 건.

아, 넌 인칭멍멍 뭐라 하던 그램펫이잖아!

인칭멍멍이라니! 인칭대명사를 관장하는 그램펫 퍼프나운이라고!

귀찮게 넌 또 왜 나타난 거야? 그런데 애들은 모두 어디 간 거지?

후훗, 친구들은 모두 내가 만든 퀴즈쇼 관중석으로 이동시켰다. 퀴즈쇼의 주인공은 바로 너, 건이다!

아니 왜 또 나냐고~

ㅋㅋㅋ

건이는 졸업장도 못 따는 바보다.

뭐야! 이 녀석은 1권에 나왔던, 나랑 똑같이 생긴 멍청한 가짜 건이잖아.

멍청한 건 너도 만만치 않거든?

우씨~ 인칭대명사고 뭐고 다 이겨서 얼른 졸업하고 말겠어!

불끈!

뭐야? 우리가 왜 갑자기 여기 와 있는 거지?

여긴 그램펫 퍼프나운이 만든 인칭대명사 퀴즈쇼 같아요.

인칭대명사라고? 대명사는 명사를 대신하는 말이라는 건 알겠는데 인칭대명사는 또 뭐지?

'스몰리' '건' 같은 사람 이름 대신 사용하는 '나' '그 사람' 같은 말을 인칭대명사라고 해요.

어려울 것 같진 않은데, 나도 한번 참가해 볼까?

그렇게 간단하지는 않아요. 영어에는 우리말처럼 '~의', '~를'과 같은 조사가 없기 때문에 문장에서 어떤 의미로 사용하느냐에 따라 모양이 달라지거든요.

I know a boy.	나는 한 소년을 안다.
The boy likes me.	그 소년은 나를 좋아한다.
He is my friend.	그는 나의 친구다.

끄응~ 어렵잖아. 그냥 구경하는 게 낫겠다.

너무 어려워 마세요. 제가 옆에서 가르쳐 드릴게요.

짜잔, 이제 인칭대명사 퀴즈쇼를 시작하겠습니다!

자, 오늘의 도전자는 그램그램 영문법 원정대의 건이 군과 가짜 건입니다. 각오 한마디 해 주시죠.

됐고! 그딴 거 다 맞혀 버릴 테니 얼른 시작이나 해!

알겠습니다. 인칭대명사 세 문제를 풀어서 제일 높은 점수를 얻는 사람이 오늘의 우승자입니다.

정답을 맞히면 30점을 드립니다.
단, 틀리면 감점 30점과 뽕망치
벌칙이 있습니다.

첫 번째 문제, '누가' 무엇을 하는지를 나타내는
주격 인칭대명사를
올바르게 쓴 것은 몇 번일까요?

❶ Me run fast.
❷ I run fast.

정답 1번!

틀렸습니다. 정답은 2번입니다.
30점 감점과 함께
뽕망치 벌칙이 나갑니다!

뽕

1번이 정답 아니었어?

아니에요. 문장의 주어로 오는
인칭대명사는 Me 가 아니라 I 죠.

Me run fast. (X)
→ I run fast. (O)

I	내가, 나는
You	네가, 너는, 너희가, 너희는
He	그가, 그는
She	그녀가, 그녀는
We	우리가, 우리는
They	그들이, 그들은

두 번째 문제, '누구를'이라고 할 때
쓰이는 목적격 인칭대명사를
올바르게 쓴 것은 몇 번일까요?

이건 아는
문제야. 2번!

❶ He buys them.
❷ He buys they.

땡! 또 틀렸습니다.
정답은 1번입니다.

아오!

대명사

뽕

He buys they. (X)
→ He buys **them**. (O)

me	나를, 나에게
you	너를, 너에게, 너희를, 너희에게
him	그를, 그에게
her	그녀를, 그녀에게
us	우리를, 우리에게
them	그들을, 그들에게

❶ You are her teacher.
❷ You are she teacher.

You are she teacher. (X)
→ You are **her** teacher. (O)

my	나의
your	너의, 너희들의
his	그의
her	그녀의
our	우리의
their	그들의

헐~ 건이 때문에 나까지 무슨 망신이야…

이리하여 인칭대명사 퀴즈쇼, 영예의 우승자는~ 두둥! 빵점을 획득한 가짜 건입니다!

이게 어떻게 돌아가는거?

베롱베롱~

-90

0

야, 너희들!! 지금 여기서 뭐하는 짓들이야?!

다다닷

쿠오오오

이봐! 함부로 무대로 뛰어오르면 안 된다고.

넌 뭐야? 비켜!

꺄울~

빵

어라? 퍼프나운도 정상으로 돌아왔네.

나랑 대결하기로 해 놓고 감히 학생회장의 허락도 없이 이런 엉터리 퀴즈쇼를 열다니!!

내가 그런 게 아니야…

딱

뭐야? 누가 또 불 껐어!

1 그림을 보고 빈칸에 들어갈 알맞은 인칭대명사를 쓰세요.

Gun likes hamburgers.

_____ is fat.

Newey reads many books.

_____ is smart.

Gun and Newey know each other.

_____ are friends.

Gun, Newey and I go to school every day.

_____ are students.

2 퍼프나운이 마법학교 친구들의 사진을 찍어 주었어요. 사진 속 친구들에 대한 스몰리의 설명을 한번 들어 볼까요? 인칭대명사로 문장을 완성하세요.

Perp-Noun took a picture 2 days ago.

- This is me.

  _____ lips are thick.

- The boy is Gun.

  _____ hair is red.

- The girl is Newey.

  _____ glasses are very big.

- We were so happy that day.

  _____ front teeth are black.

3 다음 문장의 빈칸에 들어갈 수 있는 인칭대명사를 쓴 사람은 누구일까요? 모두 골라 동그라미 하세요.

Sentence called _____ yesterday.

me   her   him   we   you

4 그램킹, 뉴이, 스몰리가 각자 주말에 할 일을 계획하고 있어요. 그림을 참고하여 문장의 빈칸에 알맞은 인칭대명사를 써 주세요.

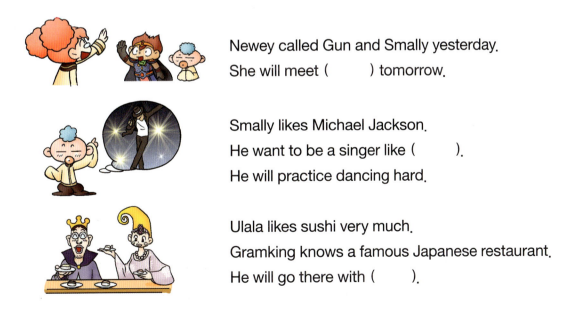

Newey called Gun and Smally yesterday.
She will meet (   ) tomorrow.

Smally likes Michael Jackson.
He want to be a singer like (   ).
He will practice dancing hard.

Ulala likes sushi very much.
Gramking knows a famous Japanese restaurant.
He will go there with (   ).

5 퍼프나운이 여러분들에게 직접 인칭대명사 퀴즈를 내겠다고 하네요. 괄호 안에서 알맞은 인칭대명사를 골라 동그라미 하세요.

(I / me) go on a school trip to Jejudo.

She leads (you / your) and (I / me).

We have dinner with (she / her).

They look after (she / her) and (he / him).

My father waits for (we / us) at the station.

Our teacher selects (you / your) for (we / our) team.

6 뉴이가 자신의 친구 민지에 대해 소개를 하고 있어요. 각 문장에서 밑줄 친 부분을 각각 어떤 인칭대명사로 바꿔야 할까요? 빈칸을 모두 채워 보세요.

Minji is very kind.

① Minji(➜   ) and I were classmates.

② I like Minji. (➜   )

③ My friends like Minji, too. (➜   )

④ Minji's(➜   ) job is a nurse.

⑤ Minji(➜   ) works at Gram Hospital.

7 마법학교의 **Joe** 선생님이 직접 자신의 가족들을 소개하고 있어요. 아래 가계도를 참고하여 문장의 빈칸을 알맞은 인칭대명사로 채워 주세요.

Joe

Jun   Jin   Jonathan   Josephine   Tom

Hi, (   ) name is Joe.

(   ) brother is a doctor. (   ) name is Jonathan.

And (   ) sister is a pilot. (   ) name is Josephine.

(   ) husband is a baseball player. (   ) name is Tom.

And these are (   ) dog and cat.

(   ) names are Jun and Jin.

I love (   ) so much.

지시대명사

어라? 다시 불이 켜졌네.

퍼프나운, 이 한심한 녀석! 저런 꼬맹이들에게 당하다니. 지금부터 이 데프나운님께서 상대해 주마!

저건 그램펫 데프나운?!

맞아! 비겁하게 거울 뒤에 숨어서 공격하던 그 녀석이군.

자, 게임을 시작해 볼까? 아브라카다브라~

ㅋ

웅

여긴 어디야?

와우! 내가 좋아하는 게임 속이잖아!

크하핫!! 어떠냐? 내가 만든 환상의 게임 세계에 들어온 기분이?

비겁한 녀석, 숨지 말고 나와서 정정당당하게 붙어 보자!

크하핫! 게임몬들의 공격을 막으려면 지시대명사로 만든 무기를 사용해야 할 거다.

꺄악! 저게 다 뭐야?

헐~ 이걸로 깨라고?

우르르

잠깐, 여기에 this, that이라는 단어가 적혀 있는데?

이건 물건이나 장소의 이름을 대신하는 말인 지시대명사에요.

This

That

가까이 있는 건 건님이 this(이것)로 공격하세요! 멀리 있는 건 제가 that(저것)으로 공격할게요!

알았어. 맡겨 둬!

쿠하

That

That

That

That

That

다 덤벼!

This

This

This

후훗, 게임이 너무 쉽구먼. 이제 장난 그만하고 어서 우릴 내보내 주지?

만점을 획득하면 나갈 수 있지. 하지만 그렇게 쉽지는 않을 게다. 크하핫!

This

게임몬들이 너무 많아.

끝도 없이 몰려오네!

This

This

어이, 조무래기들은 비켜!

this와 that의 복수형인 these(이것들)와 those(저것들)의 맛 좀 보여 주지!

가까이 있는 것들은 These!

멀리 있는 것들은 Those!

These

These

Those

These

지시대명사는 물건이나 장소 이름을 대신하는 말이에요.

가까이 있는 것을 가리킬 때

this 이것

these 이것들

멀리 있는 것을 가리킬 때

that 저것

those 저것들

This is a desk.
이것은 책상이다.
These are flowers.
이것들은 꽃들이다.

That is a chair.
저것은 의자다.
Those are trees.
저것들은 나무들이다.

와! 나도 한번 쏴 보자!

시끄러! 점수는 얼마 남았어?

아직 9999점이나 남았어요.

겨우 1점 얻은 거야? 그렇게 많이 해치웠는데?

점수가 너무 짠 거 아냐?

9999

오~ 지시대명사의 필살기 같은 건가?

it(그것), they(그것들)는 앞에서 말한 것을 다시 말할 때 사용하는 지시대명사인데요, 단수일 때는 it(그것), 복수일 때는 they(그것들)를 사용해요.

I buy **an apple**. It is sweet.
나는 사과를 산다. 그것은 달콤하다.

I buy **apples**. They are sweet.
나는 사과들을 산다. 그것들은 달콤하다.

땡! 지시대명사를 잘못 사용하면 벌점이라고! 크하핫!

?

뭐?

오히려 게임몬들이 되살아났어!

점수도 도로 만 점이 되었잖아!

10000

안 돼! 내 피 같은 1점!!

건님, 2권에서 하셨던 실수를 또 하셨군요.

아, 깜빡했다. 모모가 it은 목적어로 쓰일 때도 it이지만 they는 them으로 바꿔 써야 한댔어.

This is <u>my computer</u>. I like it.
이것은 내 컴퓨터이다. 나는 그것을 좋아한다.

Candies are sweet. I eat them.
사탕들은 달콤하다. 나는 그것들을 먹는다.

이번엔 실수하지 않을 테다!

Those are Game-Mons.
저것들은 게임몬들이다.

They are bad. We beat them.
그것들은 나쁘다. 우리는 그것들을 해치운다.

콰 콰 쾅

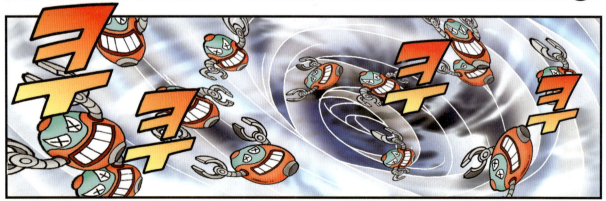

쿠 쿠 쿠 쿠

됐다! 문이 열렸어!

어때? 내 실력이.

데프나운, 너 가만 안 두겠어!

어디 있어?

크핫! 이렇게 빨리 빠져나오면 안 되는데.

야! 나를 졸업 못하게 하려는 이유가 뭐야?

그…그건 말할 수 없어.

왜냐고! 나 궁금한 건 못 참는단 말이야.

이런 멍청이!

헉!

누구?

빠 지 직

뜨핫! 왜 나까지…

얘들아, 방금 누군가…

치치

지지칙

큥

건님!

오호~ 신문부 기자의 예리한 직감으로 볼 때 또 뭔가 커다란 음모가 있는 것 같아.

1 다음 그림을 보고, 빈칸에 들어갈 알맞은 말을 보기에서 골라 쓰세요.

보기	This	That	These	Those

_____ is a bird.   _____ is a cat.

_____ are flowers.   _____ are trees.

2 그램펫 데프나운 선생님이 사물의 수가 바뀌면 문장도 따라 바뀐다고 했어요. 어떻게 바뀔까요? 문장의 빈칸을 알맞게 채워 주세요.

This is a dish. ▶ _____ are _____.

That is an apple. ▶ _____ are _____.

Those are roses. ▶ _____ is _____.

These are books. ▶ _____ is _____.

3   게임몬들을 총으로 물리치려면 지시대명사를 잘 알아야 해요. 각 문장에 있어야 하는 지시대명사 하나만 골라 동그라미 해 주세요.

This	These	is a watch.
That	Those	are keys.
This	These	rabbit is cute.
This	These	tomatoes are sweet.
That	These	children are lovely.
That	Those	mice are big.

4   스몰리가 앞 문장을 말하면 건이가 뒷 문장의 빈칸을 채우는 게임을 하고 있어요. 앞 문장을 보고 it 과 they 중 알맞은 것을 골라 문장의 빈칸에 써 주세요.

Smally flies a kite. _____ is green.

Gun likes peaches. _____ taste sweet.

She buys a bag. _____ is very pretty.

He builds a big house. _____ stands on the hill.

We raise cows. _____ make milk.

5 다음 질문에 지시대명사 it과 they를 이용하여 대답해야 해요. 왼쪽 그림을 보고 각 문장의 빈칸을 완성시켜 주세요.

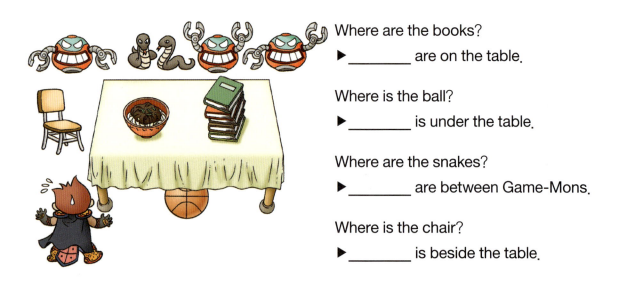

Where are the books?
▶ _____ are on the table.

Where is the ball?
▶ _____ is under the table.

Where are the snakes?
▶ _____ are between Game-Mons.

Where is the chair?
▶ _____ is beside the table.

6 건이가 지시대명사 문제를 모두 풀었어요. 건이가 적은 오답을 스몰리는 어떻게 고쳐야 할까요?

This is a cat. Smally raises they. (➡   )

They are dolphins. We love they. (➡   )

There are many roses. My mom likes it (➡   ) very much.

I give her a new pencil. She wanted they. (➡   )

7 뉴이와 스몰리, 건과 데프나운이 지시대명사를 배운 기념으로 볼링장에 갔어요. 지시대명사를 이용해 모두 한마디씩 하는데 전부 틀렸군요. 그림을 참고하여 틀린 지시대명사 대신 들어갈 말을 그림 아래의 각 번호에 쓰세요.

❸ <u>These</u> are bowling pins.
I will knock down ❹ <u>they</u>.

❶ <u>Those</u> are balls.
❷ <u>It</u> are very heavy.

❺ <u>That</u> is my glove.
❻ <u>They</u> is a magic glove.

❼ <u>This</u> is Dep-Noun's glove.
I want to wear ❽ <u>its</u>.

❶ _____   ❷ _____   ❸ _____   ❹ _____

❺ _____   ❻ _____   ❼ _____   ❽ _____

명사의 소유격

한편, 그램우즈 궁전에서는…

울랄라, 혹시 내 다크 그램 마법봉 못 봤소?

다크그램 마법봉이라뇨? 처음 듣는 건데요?

그건… 내가 가출해서 리버스 마왕이 되었을 때 그램펫을 사악하게 변신시켰던 마법봉이라오.

그걸 왜 찾아요? 혹시 당신 또… 가출하려고?!

아냐~ 아냐~ 그냥 안 보이기에 당신이 가져갔나 해서…

몰라요. 난 지금 환송파티 준비하느라 바쁘니까 말 시키지 말아요!

아, 알…알겠소.

쩝, 이걸 어디서 찾아야 하나?

저희가 찾는 거 도와 드릴까요?

고맙구나, 얘들아. 그럼 좀 부탁하마.

그런데 너희들, 누군가의 물건을 찾을 때 명사의 소유격을 사용하면 빠르다는 거 알고 있니?

명사의 소유격이요?

그래, 누구의 것인지를 나타내는 방법은 세 가지가 있단다.

아, 알겠다. my, your, our와 같은 소유격 인칭대명사를 이용해서 누구의 것인지 말할 수 있어요.

my name	나의 이름
your book	너의 책, 너희들의 책
his magic wand	그의 마법봉
her dress	그녀의 드레스
our candies	우리들의 사탕들
their coats	그들의 코트들

그래, 잘 아는구나. 두 번째 방법으로 '그램킹의 마법봉' 같이 '~의'로 소유를 나타낼 수도 있단다. 이럴 땐 명사 끝에 어퍼스트로피(')와 s를 붙여 주면 된단다.

This is Gramking's magic wand.
이것은 그램킹의 마법봉이다.

Pio's hat is green.
피오의 모자는 초록색이다.

Bitna's feet are small.
빛나의 발은 작다.

그럼 friends(친구들)나 birds(새들)처럼 s로 끝나는 말은 어떻게 해야 하나요? friends's 는 '프렌즈즈'라고 읽어야 해서 웃길 것 같아요.

-s로 끝나는 말은 맨 끝에 간단하게 어퍼스트로피(')만 붙여 주면 된단다.

"'"

friends' shoes
친구들의 신발들

my sisters' puppy
내 여동생들의 강아지

마지막으로 무생물의 소유격을 나타낼 때는 '~의'라는 뜻을 가진 of를 사용하면 돼.

feet of the chair 의자(의) 다리
the sound of music 음악(의) 소리
Seoul is the capital city of Korea. 서울은 대한민국의 수도이다.

이렇게 다시 영문법을 배우니 영문법 원정대일 때가 벌써 그리워져.

아참, 그러고 보니 요즘 얄리 공주님이 안 보이네?

얄리 공주는 몸살감기에 걸려서 몸져누워 있단다.

네에? 설마요!

공주님이 아프시다니 믿을 수가 없어요.

그럼 우리, 공주님 병문안을 먼저 가 보는 게 어때요?

그러자꾸나. 얄리도 좋아할 거야.

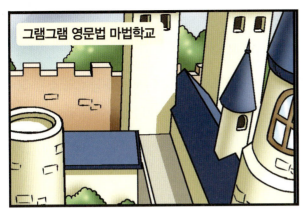

그램그램 영문법 마법학교

건아, 무슨 생각을 그렇게 골똘히 하고 있어?

…

아까 데프나운이랑 번개 맞을 때 누구를 얼핏 본 것 같아서 말이야.

아는 사람이야?

글쎄… 알 것 같기도 하고 아닌 것 같기도 하고…

아 참, 깨어난 그램펫들은 뭐래?

모두 무슨 일이 있었는지 하나도 기억이 안 난대.

그러고 보니 또 이상한 게 있어. 예전에는 엄청 고생하면서 그램펫들을 정화했었는데 이번엔 너무 쉽게 풀리더라고.

혹시 마법학교 안이라서 그런 게 아닐까요?

흠, 그런가?

땡! 땡! 땡!

아, 이번 수업은 버브 선생님의 체육시간이에요.

야호!! 체육시간이라고? 내가 제일 자신 있는 거야. 빨리 가자!

1 얄리 공주가 급하게 나가느라 머리띠를 떨어뜨렸어요. 머리띠를 자세히 보니 인칭대명사의 소유격이 쓰여 있네요. 모두 찾아서 동그라미 하세요.

wermyaeroyouraeourtfdftheiradfidhiseriueitseriueher

2 피오와 빛나의 모습을 보고 각자 들고 있는 물건을 소유격 인칭대명사로 표현하세요.

It is ____his____ soccer ball. It is _____ watch.

It is _____ dog. They are _____ balloons.

_____ cap is green and _____ cap is pink.

3 빛나가 그램우즈에서 쪽지를 하나 발견했어요. 쪽지에 그려져 있는 사물들은 누구의 것일까요? 소유격 인칭대명사와 명사를 이용하여 문장의 빈칸을 채우세요.

I have an umbrella. It's _____ umbrella.

You have many books. They're _____ books.

She has bananas. They're _____ _____.

He has two cats. They're _____ _____.

4 아래 문장은 얄리와 시종관 엑스맨이 교실 안을 보고 함께 쓴 글이에요. 소유격 인칭대명사를 이용해 빈칸을 알맞게 채워 주세요.

Pio's book is black. _____ book is interesting.

Newey's cup is green. _____ cup is expensive.

Pio, Gun, Bitna and Newey study in here. _____ classroom is cold.

We will give them a big heater. They are _____ friends.

5 왼쪽 물건들은 과연 누구의 물건일까요? 사물에 어울리는 주인을 찾아 선을 긋고 어퍼스트로피(')를 이용하여 문장을 완성해 주세요.

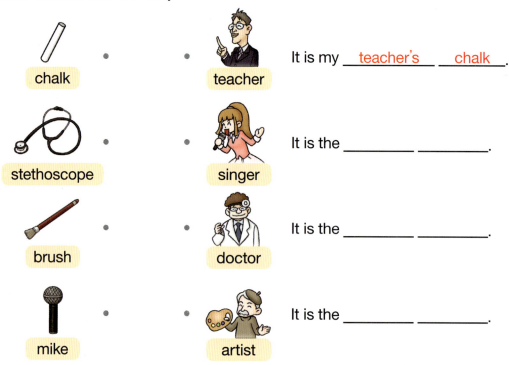

It is my ___teacher's___ ___chalk___.

It is the _____ _____.

It is the _____ _____.

It is the _____ _____.

6 그램킹이 무생물의 소유격을 표현하는 방법도 설명해 주었죠? 아래의 빈칸에 공통으로 들어갈 단어는 무엇일까요? 빈칸을 모두 채워 주세요.

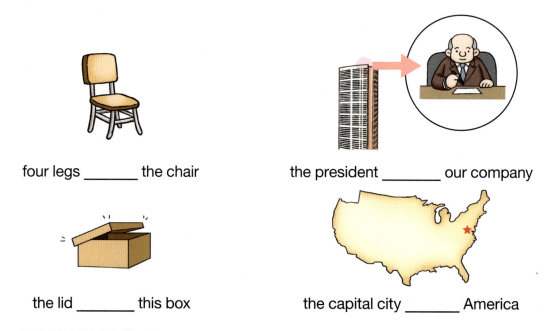

four legs _____ the chair

the president _____ our company

the lid _____ this box

the capital city _____ America

7 아래 그림의 사물을 어퍼스트로피(')를 이용하여 누구의 것인지 표현하려 해요. 어퍼스트로피(')를 어디에 붙이면 좋을까요?

sisters bed   cats milk   Pios cape

 8 그램킹과 피오의 대화가 자연스럽게 이어지도록 문장의 빈칸을 알맞게 채워 주세요.

Is _your_ name Pio?   Yes, _____ name is Pio.

Is that your camera? No, it is _____ camera.

Is that Bitna's ball? No, it is _____ ball.

Are those their sandwiches? Yes, those are _____ sandwiches.

Who is that beautiful girl? She is the princess _____ Grammwoods.

동사란 무엇인가
be동사

02
동사

동사란 무엇인가

여러분, 안녕~ 오늘 배울 동사에 대해 모두들 잘 알고 있죠?

동사는 사람이나 사물의 동작이나 상태를 나타내는 말이에요. 예를 들면, '먹다' '달리다' '좋아하다' 같은…

I drink milk.
나는 우유를 마신다.
You dance well.
너는 춤을 잘 춘다.

Hi! 버브. 오랜만이야!

앗! 당신은 예전에 아이템을 강탈해 갔던 깡패 건!

하핫… 내가 언제 강탈해 갔다고 그래…

흥, 2권을 읽어 본 독자들은 다 안다고요!

시끄럽고, 얼른 수업이나 하시지!!!

하하… 오늘은 세 명씩 한 팀을 이뤄서 경주를 하겠어요. 비행선을 타고 동사의 마법카드를 이용해서 마법학교를 먼저 한 바퀴 돌아오는 팀이 우승이에요.

단, 한 번 사용한 카드는 다시 사용할 수 없으니 주의하세요.

체육 시간이라며! 동사가 여기서 왜 나와?!

그럼 기권하시든가요!

어휴~ 졸업장만 아니면 내가 저걸 그냥!

자, 각 팀의 대표가 나와서 동사의 마법카드를 한 묶음씩 갖고 가세요.

이번엔 제대로 승부를 내는 거야. 각오해.

흐흐… 네가 날 이길 수 있을까? 난 이미 버브와의 레이싱에서 우승한 실력이라고.

출발!

탕

…

야! 버브한테 이겼다며! 우리가 꼴찌잖아!!

잠깐 기다려 봐. 오랜만이라 기억이 잘 안 나서 그래.

그래도 동사 start 카드를 사용해서 'The airboat starts!'라고 출발 명령은 제대로 하셨잖아요.

그거야 기억나는 거라곤 달랑 그거 하나라서…

그래서 아까부터 계속 그것만 외친 거구나!

너 동사가 얼마나 복잡하고 어려운 줄 알아?

잠깐만요. 동사를 사용할 땐 이것만 기억하면 어렵지 않아요.

뭔데?

영어에서는 항상 단수인지 복수인지가 중요하죠. 동사도 똑같아요!

단수
(한 명)

복수
(여러 명)

애 뭐라니?

뭐가 똑같다는 거야?

하아~

주어가 하나의 사람이거나 사물일 때는, 동사 끝에 -s를 붙여 줘야 한다는 거!

She swims fast.
그녀는 빨리 헤엄친다.

He loves his mom.
그는 그의 엄마를 사랑한다.

An apple falls down.
사과가 아래로 떨어진다.

A penguin walks.
펭귄이 걷는다.

좋아! 그럼 이 speed 카드로 슬슬 속력을 내 볼까?

I speeds up!

어라? 속도가 안 나잖아!

당연하죠. I(나)와 you(너)는 단수지만 동사에 -s를 붙이지 않거든요.

I read a book.
나는 책을 읽는다.
You write a letter.
너는 편지를 쓴다.

그래? 그럼 복수로 하면 되겠네.

We speeds up!

잠깐만요. 주어가 we, Tom and Mary, boys와 같이 복수일 때도 -s를 붙이지 않아요.

Gun and Pio play soccer.
건과 피오는 축구를 한다.

We eat pizza.
우리는 피자를 먹는다.

The girls sing a song.
소녀들이 노래를 부른다.

힝~ 역시 쉬운 게 아니었어.

주어가 단수인지 복수인지만 주의하면 되잖아. 이리 줘 봐. 내가 해 볼게.

Our airboat speeds up and they slow down.
우리의 비행선이 빨라지고 그들은 느려진다.

speed

slow

와, 빨라졌다!

오~ 제법인데! 동사 카드 두 개를 한번에 쓸 생각을 하다니!

좋았어! 이제 선두인 비키오만 따라잡으면 돼.

아, 이건 watch 카드네.

주어가 He니까 아까처럼 동사에 -s를 붙여서

He watchs TV!

어라?
아무 변화가 없잖아.

당연하죠. -s, -ch, -sh, -o로 끝나는 동사는
-s 대신 -es를 붙여 줘야 한다고요.

Mary toss**es** the ball.
Gun watch**es** TV.
She wash**es** her hands.
He go**es** to school.

메리가 공을 던진다.
건이가 TV를 본다.
그녀는 손을 씻는다.
그는 학교에 간다.

kiss 같은 동사에 그냥 -s를
붙이면 kisss가 되는데
'키스스'라고 발음하는 건
이상하잖아요. 발음을 쉽게 하기
위해서 -es를 붙인답니다.

아하! 명사의 복수형에
-es를 붙일 때와 같은
원리로군. buses처럼!

kisses

buses

알았어. 그렇다면
He watches TV!
그는 TV를 본다!

watch

푸하핫!

성공이다!

가만. 지금 내가
뭐하는 거야?!

감히 날 갖고 놀았겠다!
용서 못해!!

The airboat flies fast!
비행선이 빨리 난다!

fly

뭐야? 반칙이잖아!
fly 카드를 flies라고
했는데 왜 빨라진 거야?

반칙 아니에요. 자음+y로
끝나는 동사는 y를 i로 고치고
-es를 붙여야 하거든요.

fly   → flies
study → studies
marry → marries
cry   → cries

그렇다면 동사도
모음+y로 끝나면 그냥
-s만 붙이는 건가?

빙고!

play   → plays
say   → says
enjoy → enjoys
buy   → buys

건이 너 거기서
기다려!

이럴 수가!
남은 카드가 없어.

두둥

아잇! 뭐야? 이 비행선은!
가로막으면 위험하잖아!

캬캬캬~ 여기까지
온 걸 보니 수에 따른 동사의
변화를 좀 익혔나 보군.

하지만 be동사가 출동하면 어떨까?

어라? 넌 또
어째서 변한 거야?

비? 비라고?!
어디 어디?

1 건이가 버브의 동사 마법에 걸려서 그 동사대로 행동하고 있어요. 어떤 동사 마법에 걸렸는지, 각 그림에 알맞은 동사를 선으로 연결해 주세요.

fly   sing   watch   dance

2 건이는 오늘 마법학교에서 일찍 와야 해요. 해야 할 일이 많거든요. 건의 오후 일과표를 보고 괄호 안에서 알맞은 동사를 골라 동그라미 하세요.

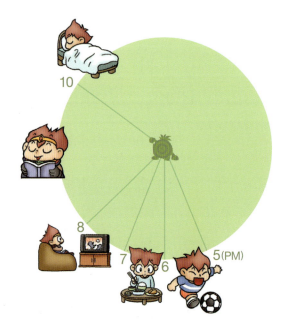

I [play / call] soccer at five.

I [think / have] a dinner at six.

I [watch / make] TV at seven.

I [write / read] a book at eight.

I [go / say] to bed at ten.

3 하늘에서 내려다 본 마을 모습이에요. 아래 문장을 읽고 그 문장이 설명하는 장소에 알파벳을 쓰세요.

Ⓐ We see many animals here.

Ⓑ People send letters here.

Ⓒ Students learn English here.

Ⓓ People get on the bus here.

Ⓔ It has much money.

4 그램펫 버브 선생님이 나눠 준 마법카드에는 동사가 하나씩 적혀 있어요. 그림을 보고 마법카드에 적힌 동사를 알맞은 형태로 빈칸에 쓰세요.

He _____ a bike.

She _____ her face.

They _____ baseball.

We _____ these bananas.

5 마법학교에서 달리기 대회가 열렸어요. 버브는 열심히 달리고 있는데 다른 사람들은 무얼 하고 있는 거죠? 그림을 보고 문장의 빈칸에 동사를 알맞게 쓰세요.

Grammpet Verb _____ in the playground.

Vikio _____ to music.

Gun and his friend _____ some candies.

Smally _____ a newspaper.

6 비키오가 말한 문장의 주어를 바꾸어 써 보세요.

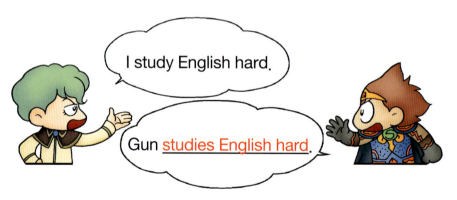

I study English hard.

Gun <u>studies English hard</u>.

I play badminton with my friend. → Bitna _____.

I do homework at the library. → Newey _____.

I wash my hands first at home. → Peter _____.

I catch the ball in the playground. → Pio _____.

7 마법학교 학생들이 보드 게임을 하고 있어요. 게임이 끝난 후에도 색칠되지 않는 그림은 무엇일까요? 게임을 직접 하면서 찾아 보세요.

① Go to three.	SCHOOL		⑫ Go to the school.
② Jump to six.			⑪ Color the book green. Return to nine.
③ Color the bag blue. Go to five.			⑩ Jump to four.
④ Move to eleven.			⑨ Write your name. Go to twelve.
⑤ Jump to seven.	⑥ Paint the eraser. Go to ten.	⑦ Say your name. Move to eight.	⑧ Go back to two.

8 이번에는 주어진 철자로 시작하는 동사를 넣어 문장을 완성하는 문제입니다. 그림을 보고 알맞은 동사를 주어에 맞게 써 주세요.

I s_____ in the sea.

We c_____ for dinner.

My mother d_____ coffee.

He m_____ a robot with Pio.

Yally l_____ Gun.

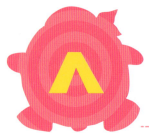

A be동사

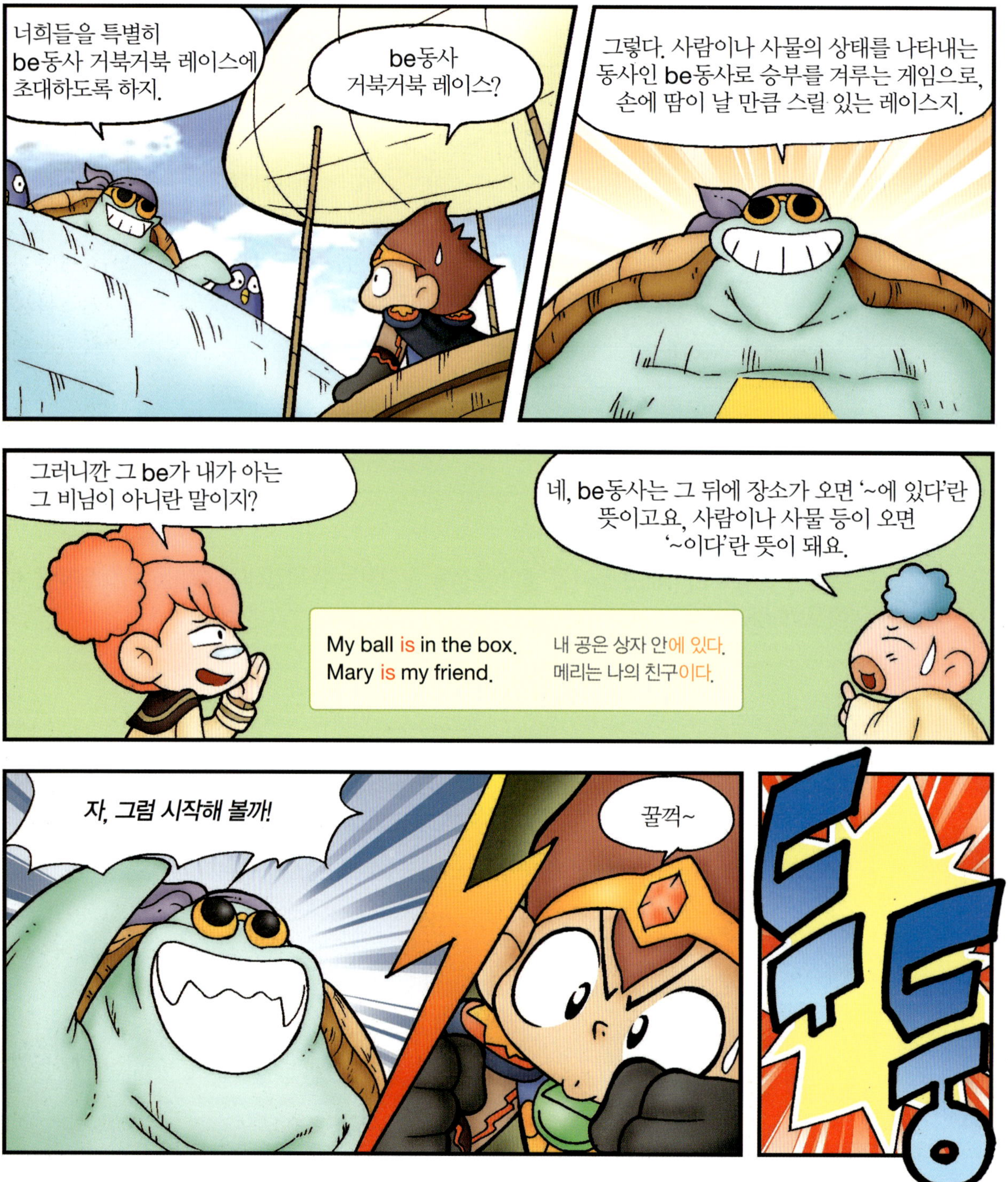

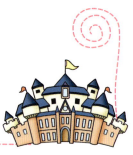

너희들을 특별히 be동사 거북거북 레이스에 초대하도록 하지.
be동사 거북거북 레이스?
그렇다. 사람이나 사물의 상태를 나타내는 동사인 be동사로 승부를 겨루는 게임으로, 손에 땀이 날 만큼 스릴 있는 레이스지.
그러니깐 그 be가 내가 아는 그 비님이 아니란 말이지?
네, be동사는 그 뒤에 장소가 오면 '~에 있다'란 뜻이고요, 사람이나 사물 등이 오면 '~이다'란 뜻이 돼요.
My ball is in the box. 내 공은 상자 안에 있다.
Mary is my friend. 메리는 나의 친구이다.
자, 그럼 시작해 볼까!
꿀꺽~
두둥!

야! 이게 무슨 스릴 있는 레이스야!

시작한 지 한 시간이나 지났는데 아직 출발도 못했잖아!

후훗, 선수들이 좀 따분한가 보군. 자, be동사 낚싯대를 사용하라고!

이걸로 뭘 어쩌라고?

물고기에 적힌 문장의 빈칸에 들어갈 알맞은 be동사로 물고기를 낚으면 거북이가 속도를 낼 거야.

( ) a boy.

She ( ) a girl.

많이 낚을수록 더 빨라지니까 잘해 보라고.

뭐야, 완전히 낚였잖아. 레이싱이라더니 웬 낚시 대회?

넌 자신 없나 보지?

천만에! 승부는 이제부터야!

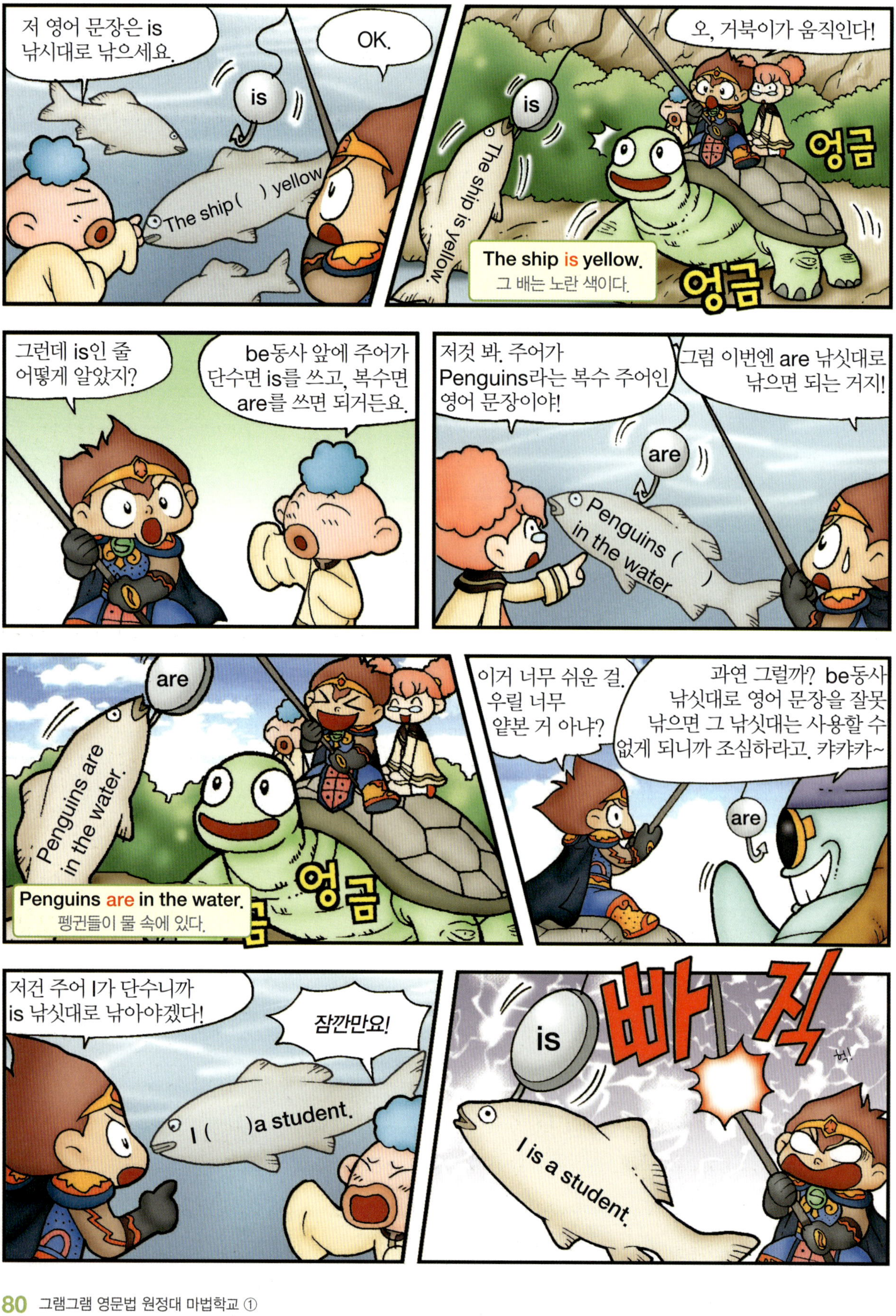

저 영어 문장은 is 낚시대로 낚으세요.
OK.
is
The ship ( ) yellow.
오, 거북이가 움직인다!
is
The ship is yellow.
엉금
엉금
The ship is yellow.
그 배는 노란 색이다.
그런데 is인 줄 어떻게 알았지?
be동사 앞에 주어가 단수면 is를 쓰고, 복수면 are를 쓰면 되거든요.
저것 봐. 주어가 Penguins라는 복수 주어인 영어 문장이야!
그럼 이번엔 are 낚싯대로 낚으면 되는 거지!
are
Penguins ( ) in the water.
are
Penguins are in the water.
엉금
Penguins are in the water.
펭귄들이 물 속에 있다.
이거 너무 쉬운 걸. 우릴 너무 얕본 거 아냐?
과연 그럴까? be동사 낚싯대로 영어 문장을 잘못 낚으면 그 낚싯대는 사용할 수 없게 되니까 조심하라고. 캬캬캬~
are
저건 주어 I가 단수니까 is 낚싯대로 낚아야겠다!
잠깐만요!
I ( ) a student.
is
빠직
헉!
I is a student.

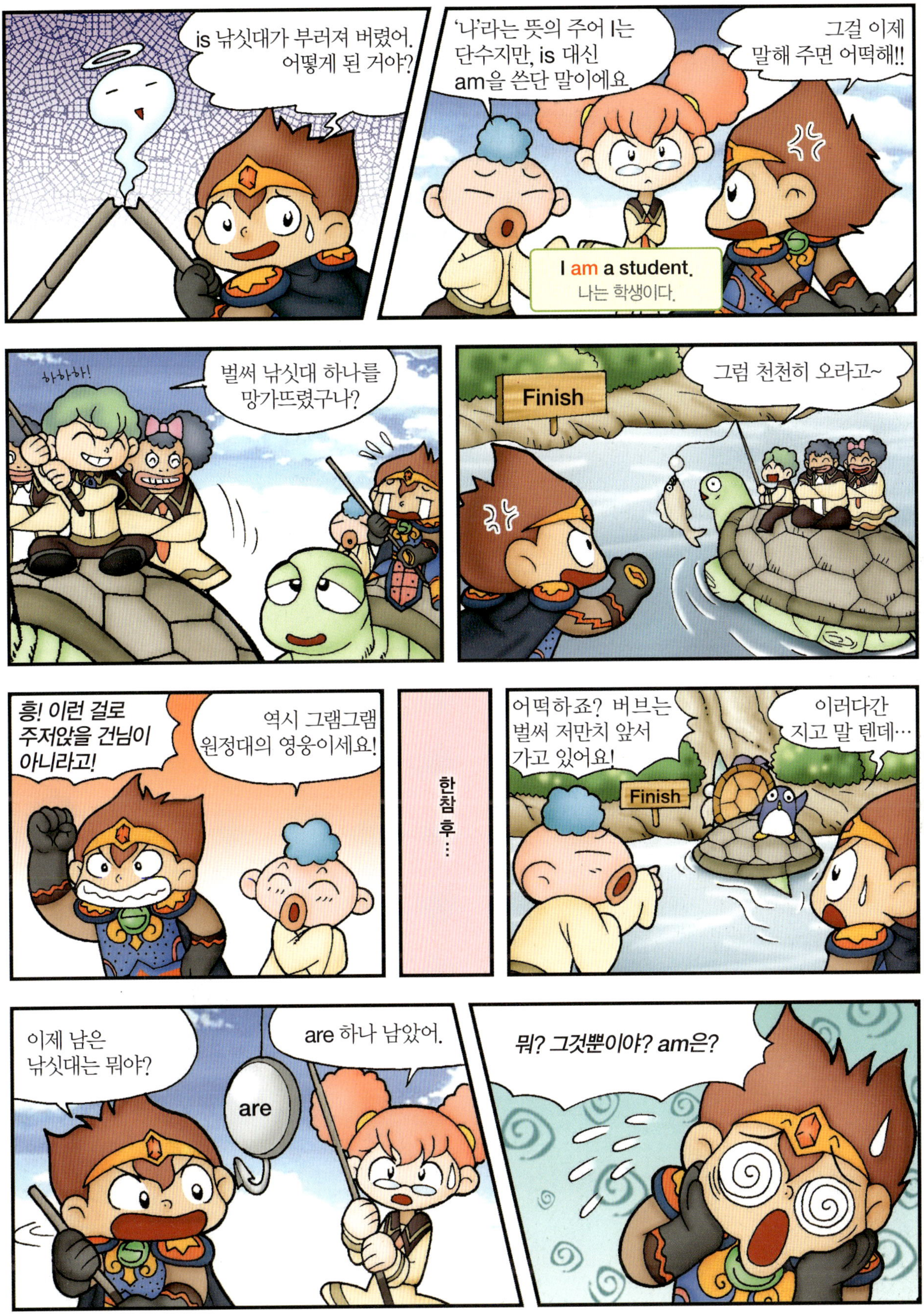
is 낚싯대가 부러져 버렸어. 어떻게 된 거야?
'나'라는 뜻의 주어 I는 단수지만, is 대신 am을 쓴단 말이에요.
그걸 이제 말해 주면 어떡해!!
I am a student.
나는 학생이다.
하하하!
벌써 낚싯대 하나를 망가뜨렸구나?
Finish
그럼 천천히 오라고~
흥! 이런 걸로 주저앉을 건님이 아니라고!
역시 그램그램 원정대의 영웅이세요!
한참 후…
어떡하죠? 버브는 벌써 저만치 앞서 가고 있어요!
이러다간 지고 말 텐데…
Finish
이제 남은 낚싯대는 뭐야?
are 하나 남았어.
are
뭐? 그것뿐이야? am은?

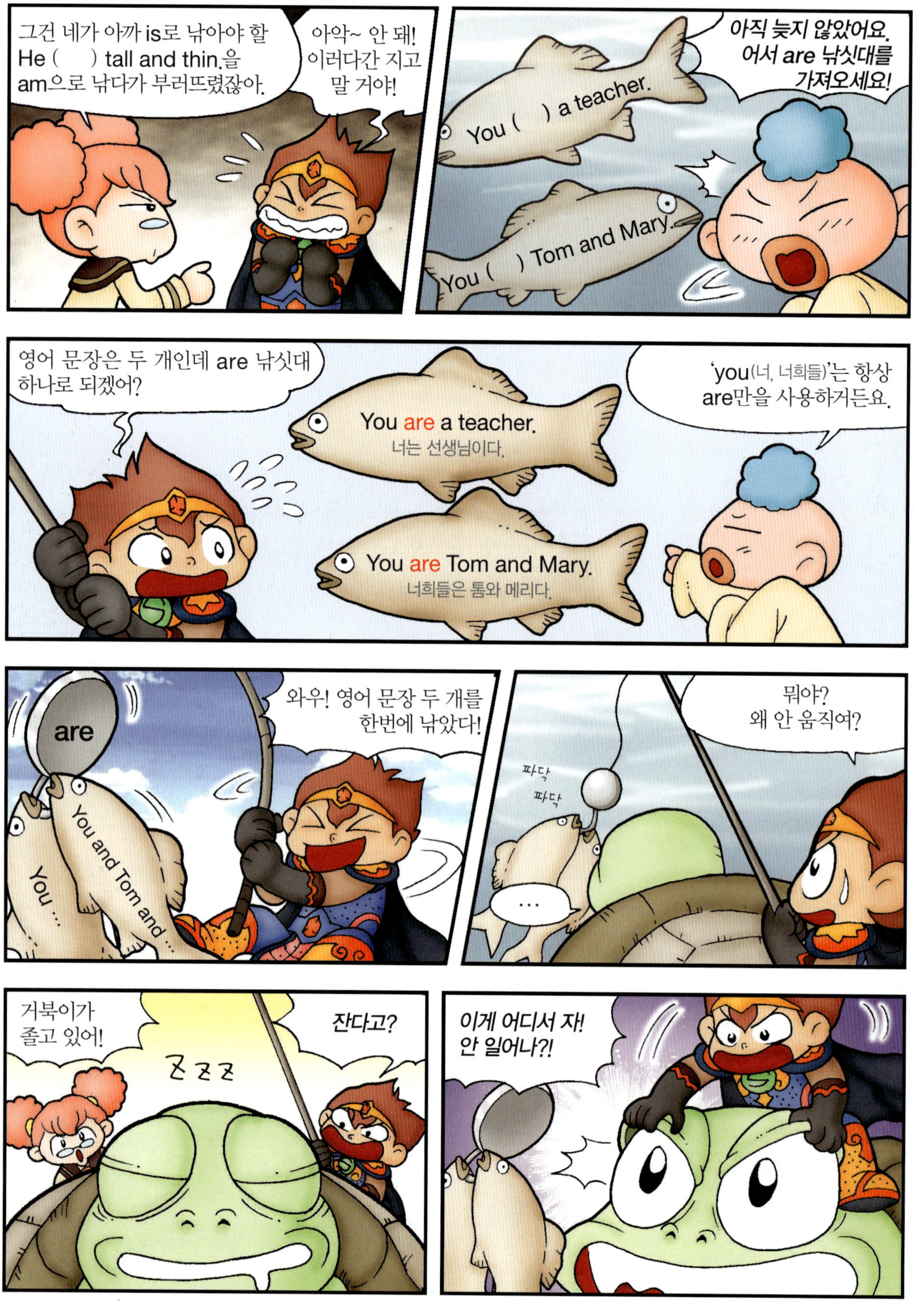
그건 네가 아까 is로 낚아야 할
He (　) tall and thin.을
am으로 낚다가 부러뜨렸잖아.
아악~ 안 돼!
이러다간 지고
말 거야!
아직 늦지 않았어요.
어서 are 낚싯대를
가져오세요!
You (　) a teacher.
You (　) Tom and Mary.
영어 문장은 두 개인데 are 낚싯대
하나로 되겠어?
'you(너, 너희들)'는 항상
are만을 사용하거든요.
You are a teacher.
너는 선생님이다.
You are Tom and Mary.
너희들은 톰와 메리다.
are
You and Tom and ...
You ...
와우! 영어 문장 두 개를
한번에 낚았다!
뭐야?
왜 안 움직여?
파닥
파닥
...
거북이가
졸고 있어!
잔다고?
Z Z Z
이게 어디서 자!
안 일어나?!

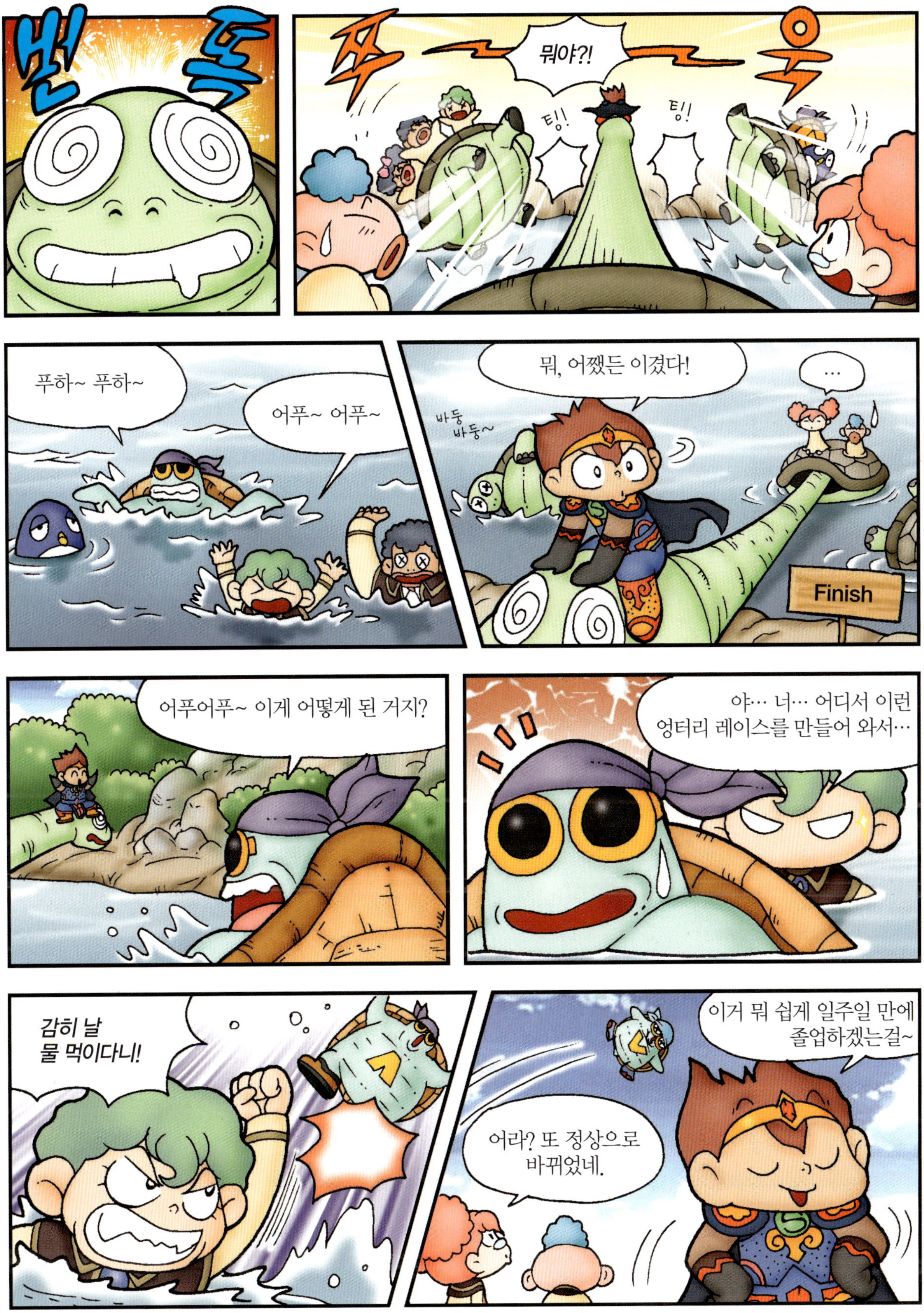
번!
똑
쭈
뭐야?!
욱
팅!
팅!
푸하~ 푸하~
어푸~ 어푸~
뭐, 어쨌든 이겼다!
...
바둥
바둥~
Finish
어푸어푸~ 이게 어떻게 된 거지?
야… 너… 어디서 이런
엉터리 레이스를 만들어 와서…
감히 날
물 먹이다니!
이거 뭐 쉽게 일주일 만에
졸업하겠는걸~
어라? 또 정상으로
바뀌었네.

1 그램펫 버브 선생님이 유리병에 인칭대명사가 적힌 캔디를 가득 담아 놓았어요. 각 캔디에 적힌 인칭 대명사와 어울리는 be동사의 색깔에 맞춰 캔디를 색칠해 주세요.

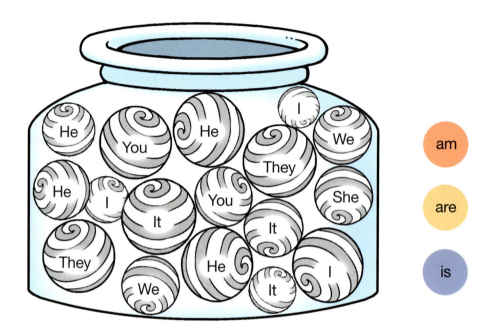

2 그램펫 버브가 몰래 be동사 벽돌을 부수고 가 버렸네요. 보기에서 알맞은 be동사를 골라 빈칸에 쓰세요.

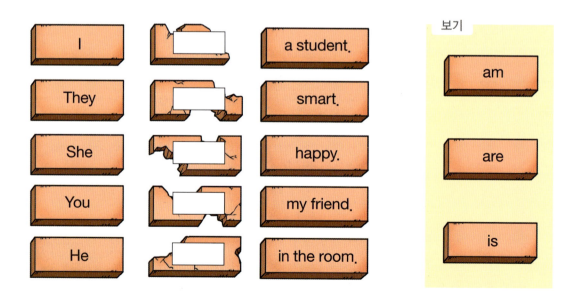

3 마법학교 친구들이 문장 바꾸기 놀이를 한대요. 단수 주어를 복수 주어로 바꾸어 문장을 다시 써 보세요.

He is a fire fighter. → <u>They are fire fighters.</u>

I am a pilot. → We _____

It is a mouse. → They _____

You are a pianist. → We _____

She is a child. → They _____

4 각 문장의 주어 자리에 인칭대명사 카드가 두 장씩 있어요. be동사와 뒤에 나온 명사를 잘 살펴보고, 필요 없는 카드에 ×표 하세요.

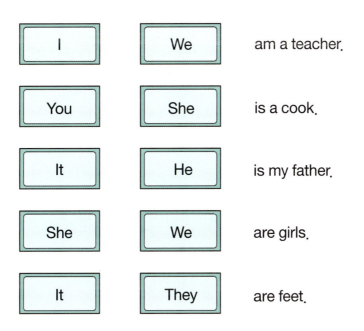

I	We	am a teacher.
You	She	is a cook.
It	He	is my father.
She	We	are girls.
It	They	are feet.

5 왼쪽의 동물들이 인칭대명사 주어를 하나씩 가지고, 그 다음에 올 be동사와 be동사 뒤에 올 문구를 고르고 있어요. 그림에 맞는 문장이 되도록 선으로 이어 주세요.

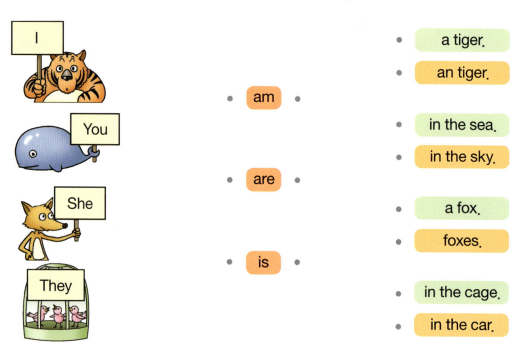

6 이번 문제 역시 그림과 주어에 맞게 문장을 완성하는 문제입니다. 주어 뒤에 올 be동사와 그림에 어울리는 문구를 찾아 선으로 이어 주세요.

7 건이가 마법학교 친구들에게 자기소개를 하려고 쪽지에 소개 글을 써 왔어요. 그런데 be동사를 잘 못 썼네요. 틀린 be동사를 골라 밑줄을 긋고 바르게 고쳐 보세요.

Hello. My name am Gun. I are a student in GramGram Magic School. I live in Seoul. I like magic items. I have many friends. Bitna are very smart. Pio is very strong. They is very kind to me. We is good friends.

8 그램펫 버브의 질문에 스몰리는 어떻게 대답해야 할까요? 인칭대명사와 be동사를 잘 살펴보고, 각 그림에 맞게 알맞은 답을 고르세요.

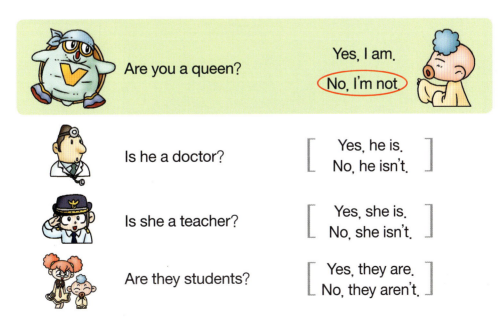

Are you a queen?　Yes, I am.　No, I'm not

Is he a doctor?　[Yes, he is. / No, he isn't.]

Is she a teacher?　[Yes, she is. / No, she isn't.]

Are they students?　[Yes, they are. / No, they aren't.]

형용사란 무엇인가

수량형용사

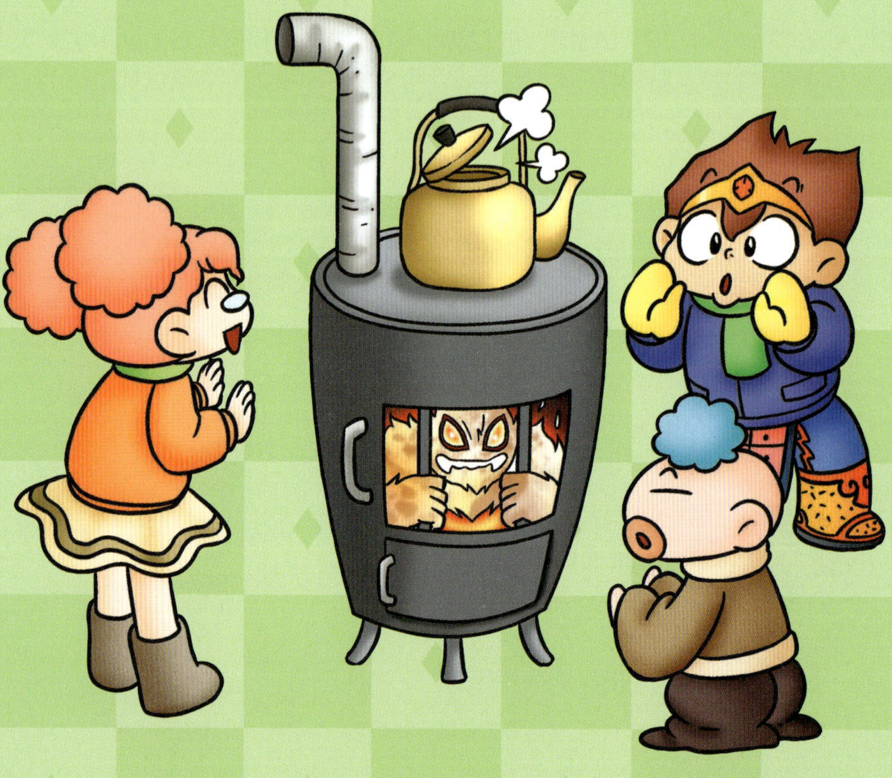

03

형용사

형용사란 무엇인가

그램그램 영문법 마법학교

건, 여기서 뭐해?

복도에 걸린 사진들을 보고 있었어.

그런데 현자들 사진이 왜 여기에 걸려 있지?

왜냐하면 이분들은 우리 마법학교의 자랑스러운 졸업생들이시거든요.

센텐스

타임

섬지기

그럼 마법학교만 졸업하면 현자가 되는 건가?

다 그런 건 아니지만 졸업한 뒤 영문법사가 되어 열심히 수련을 하면 현자가 될 수 있답니다.

겨우 그거야? 결국 졸업해도 또 공부해야 한다는 거네.

무슨 소리니?
겨우라니!

영문법사가 되면
그램펫들과 함께
그램우즈의 영문법을
수호하는 막중한
임무를 맡게 된다고.

아~ 영문법사가 된다는 거,
생각만으로도 가슴이 벅차…

아 참! 이럴 때가 아니야.
다음 수업 들어가야지!

다음 수업은 뭔데?

애직 선생님의
형용사 마법
시간이에요.

아, 그 불덩어리
말이군?

서둘러! 애직 선생님은 깐깐해서 수업시간에
조금이라도 지각하면 엄청 혼난단 말이야.

에휴~ 빛나랑 피오는 지금쯤
파티에서 맛난 것 실컷 먹으면서
놀고 있을 텐데…

왜 하필이면 교실을 지하 속 용암 동굴에 만든 거야?

선생님이 온천을 무척 좋아하거든. 하하하…

쿠루쿠루~

앗, 넌 쿠루잖아! 이 학교에 와 있었구나.

빛나가 널 봤으면 무척 반가워 했을 텐데 아쉽다.

그런데 애직 선생님은 어디 갔지?

쿠루쿠루~

쿠루가 그것보다도 지금 큰 문제가 생겼다고 하는데요?

어서들 오거라. 형용사 마법 수업에 온 걸 환영한다.

앗! 그램펫 애직이…

이젠 뭐 놀랍지도 않구면. 너도 나 졸업 못하게 하려고 나타난 거야?

그렇다. 졸업은 꿈도 꾸지 말고, 나의 형용사 마법에 호되게 당할 각오나 하시지!

형용사 마법??

형용사는 사람이나 사물이 갖고 있는 생김새와 성질이 어떠한지 나타내는 말이지. 그래서 형용사 마법을 사용하면 모든 사람과 사물의 상태를 내 마음대로 바꿀 수 있어.

자, 그럼 맛보기로 다섯 가지 형용사 마법을 보여 줄까?

첫 번째로, 모양을 바꾸는 형용사 마법, 수리수리 모양!

big 큰   small 작은

long 긴   short 짧은

sharp 뾰족한   round 둥근

두 번째로, 수를 바꾸는 형용사 마법, 수리수리 수!

three 세 개의   two 두 개의

many 많은

a little 조금 있는   few 거의 없는

세 번째로, 색깔을 바꾸는 형용사 마법, 수리수리 색깔!

red 빨간   yellow 노란

blue 파란

white 하얀   black 검은

네 번째로, 성질을 바꾸는 형용사 마법, 수리수리 성질!

bad 나쁜   good 착한

difficult 어려운

new 새로운   old 오래된

마지막 다섯 번째로, 기분을 바꾸는 형용사 마법, 수리수리 기분!

happy 기쁜   sad 슬픈

tired 피곤한

sleepy 졸린   angry 화난

쳇! 형용사 마법 좀 할 줄 안다고 잘난 척 하기는~

그럼 나랑 대결 한번 해 볼까?

좋아. 그런 간단한 마법은 우리도 할 수 있다고.

이 마법 대결은 문장에서 형용사의 올바른 위치를 맞혀야 하는 승부지.

형용사의 위치라니?

이거 일일이 설명해 줘야 하나? 잘 들어!

형용사는 명사를 꾸며 주기도 하고 주어를 설명해 주기도 하는데, 그 쓰임에 따라 문장에서의 위치가 정해져 있지.

딱

자, 첫 번째 형용사 대결은 명사를 꾸며 줄 때의 형용사의 위치를 맞히는 거다! 지는 쪽은 형용사 마법에 걸리게 되니 정신 바짝 차리라고.

Small

1라운드는 꼬맹이부터 시작해 보실까?

난 꼬맹이가 아니라고요!

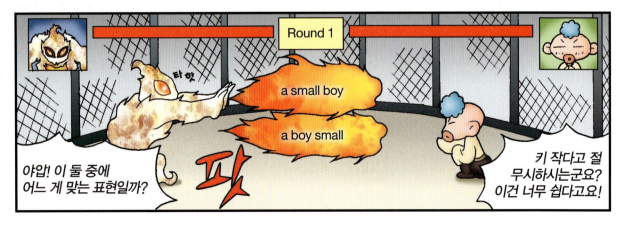

Round 1

타핫

a small boy

a boy small

파

야압! 이 둘 중에 어느 게 맞는 표현일까?

키 작다고 절 무시하시는군요? 이건 너무 쉽다고요!

형용사가 명사를 꾸며
줄 때는 명사 바로 앞에
와야 하니까

관사	형용사	명사
a	small	boy

작은 소년

정답은 당연히
a small boy죠!

Smally win!

small

이건순가

흠, 꼬맹이가 제법인데?

an <u>old</u> lady
나이 든 숙녀

<u>delicious</u> apples
맛있는 사과들

The <u>handsome</u> boy is my brother.
그 잘생긴 소년은 나의 남동생이다.

흥! 이젠 그쪽도 키가
작아져서 꼬맹인데요?

그럼 2라운드! 이번에는 주어를
설명할 때의 형용사의 위치를
맞히는 대결이다.

2라운드는 나야?
자신 없는데…

걱정 마세요!
제가 도와 드릴게요!

천만에! 대결에
끼어들면 재미없지. 얍!

딱

흡흡!

Be quiet, Smally.

어떤 게 정답인지
맞혀 보시지!

Round 2

She is fat.

Fat she is.

꺄아~

쿠루쿠루~

으흡으흡~

아, 됐어! 뭔 소린지 하나도 못 알아듣겠으니까 안 가르쳐 줘도 돼.

어디 보자… 아까 형용사는 명사 앞에 온다고 했으니까 기자의 예리한 직감으로 볼 때 이번에도 Fat she is가 정답일 거야!

땡! *Adjec win!*

흐흐… 틀릴 줄 알았다. 형용사가 주어를 설명할 때는 be동사 뒤에 와야 한다고.

주어 be 동사 형용사

She is fat.

그녀는 뚱뚱하다.

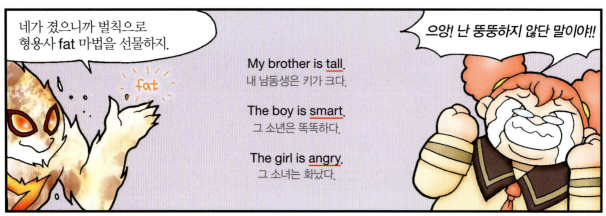

네가 졌으니까 벌칙으로 형용사 fat 마법을 선물하지.

fat

My brother is tall.
내 남동생은 키가 크다.

The boy is smart.
그 소년은 똑똑하다.

The girl is angry.
그 소녀는 화났다.

으앙! 난 뚱뚱하지 않단 말이야!!

자, 1대 1이다! 각오해라, 건!

시작이고 뭐고 당장 저 형용사 마법 풀어 주지 못해?

안 풀어 주면 어쩔 건데?

어쭈~ 잊었나 본데, 난 너보다 상급 불의 정령의 힘을 받았다고. 예전처럼 또 혼나 볼래?

말로 해서는 안 되겠군! Fire!

화 르 르 륵

이크!

넌 머리는 나쁘고 힘만 세냐!

너 거기 안 서!!

다크 쉐도우님께 부사 업그레이드를 받고 올 테니 여기서 꼼짝 말고 기다려!

다크 쉐도우? 그게 누구야?

잠깐만! 거긴 수량형용사로 봉인된 동굴이야. 수량형용사를 모르면 통과할 수 없어!

그게 뭔데?

그게… 자세한 건 나도 몰라.

뭐라는 거야?

으흡으흡~

쿠루쿠루~

잠깐만! 좋은 생각이 있어.

뿡

1 다음은 기분을 나타내는 형용사 마법에 대한 문제입니다. 건의 표정을 보고 어울리는 형용사를 찾아 연결해 주세요.

| tired | angry | sleepy | happy | sad |

2 이번에는 수와 색깔을 나타내는 형용사 마법에 대한 문제입니다. 마법을 이용해 다음 4가지 도형의 그림에 맞게 빈칸에 들어갈 형용사를 각각 쓰세요. 수리수리 수! 수리수리 색깔!

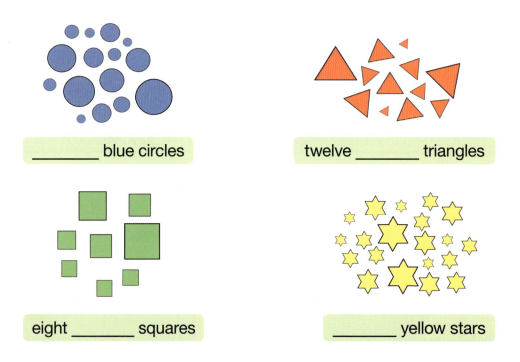

_____ blue circles

twelve _____ triangles

eight _____ squares

_____ yellow stars

3   성질을 나타내는 형용사 마법에서는 반대말을 함께 알아 두면 좋아요. 서로 반대되는 뜻을 가진 형용사를 찾아 이어 주세요. 수리수리 성질!

fast •	• dirty
clean •	• ugly
smart •	• weak
strong •	• foolish
beautiful •	• slow

4   애직과 스몰리가 형용사의 위치를 맞혀 본다고 해요. 주어진 형용사는 어디에 들어가면 좋을까요? 알맞은 위치에 ✓표시하세요.

nice
This □ is □ a ☑ bag.

new
Gun □ buys □ shoes.

good
Smally and Newey □ are □ friends □ to me.

sharp
I □ have □ a □ pencil.

gentle
She □ knows □ the □ guy in England.

5 형용사는 명사 앞이나 be동사 뒤에 온다고 했죠. 왼쪽 그림에 맞게 문장의 빈칸에 들어갈 형용사를 골라 쓰세요.

보기	red	yellow	thick	long

It's a _____ fish.　　The fish is _____.

It's a _____ book.　　The book is _____.

It's a _____ bird.　　The bird is _____.

It's a _____ pencil.　　The pencil is _____.

6 아래 문장에서 형용사의 위치를 잘못 고른 한 친구는 fat 마법이 풀리지 않을 거라고 해요. 형용사의 위치가 틀린 사람을 골라 동그라미 하고, 형용사의 위치를 바로잡아 올바른 문장으로 다시 써 주세요.

The answer is wrong .　　I have cute cats.

Your hands dirty are.　　He is a lazy student.

→ _____

7 여러 가지 형용사를 이용해 동물을 설명하고 있어요. 어떤 동물에 대한 설명인지 잘 읽고, 문장의 빈 칸에 이름을 쓰세요.

It's a big animal. It's heavy. It has four legs.
It has a long nose and two large ears. What is it?

It is a(an) _____.

It's a cute animal. It's white. It has two long ears.
It can jump well. What is it?

It is a(an) _____.

8 5가지 형용사 마법 외에 날씨를 나타내는 형용사 마법도 있답니다. 우리나라는 계절마다 날씨가 다르니 아주 유용하게 쓰일 수가 있겠네요. 그림에 맞는 날씨 형용사를 보기에서 골라 빈칸에 쓰세요.

 It's winter. It's _____ and _____.

 It's summer. It's _____.

 It's spring. It's _____.

 It's fall. It's _____ and _____.

보기	warm	hot	sunny	cold	snowy	cool

수량형용사

쳇! 하필이면 나보다 더 상급인 불의 힘을 가지고 있다니… 내가 꼼짝할 수가 없잖아.

그래도 수량형용사 관문까지 뚫진 못하겠지.

애직, 이걸 찾고 있나?

앗, 다크 쉐도우님! 그 구슬은…!

씨익!

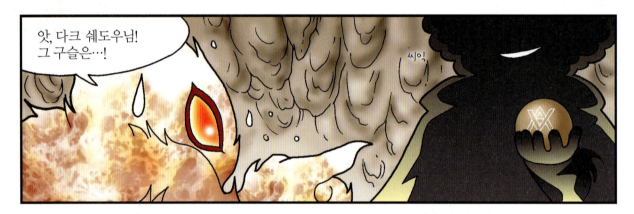

수량형용사란 수와 양이 어느 정도인지 나타내는 형용사다. 한 개, 두 개와 같이 정확한 수량이 아니라, '많은' '조금' '거의 없는'과 같이 부정확한 수량을 나타낸다.

?!

와! 신기하다. 이제 쿠루 말을 알아듣겠어!

응. 내가 마침 자동번역기 마법 아이템을 갖고 있어서 정말 다행이야.

이제 애직을 뒤쫓아 가자! 다크 쉐도우가 누군지 꼭 알아내야겠어!

모두들 길 잃어버리지 않게 잘 따라와!

우와~ 저게 뭐야? 엄청난데!

저게 바로 수량형용사 관문이구나…

많은

apples

milk

이게 웬 떡이야! 문 앞에 사과랑 우유가 가득 있잖아! 배도 고픈데 먹고 하라는 건가? 으흐흐~

잠깐! 통을 자세히 봐라. 열쇠 구멍이 있다.

apples랑 milk라고 써 있는데 어쩌란 거야?

apples

milk

혹시 문에 적혀 있는 '많은'과 관계 있는 걸까?

많은

그렇다. '많은'이라는 뜻을 가진 이 수량형용사 열쇠들을 각 통의 열쇠 구멍에 알맞게 꽂으면 문이 열린다.

many   much

아, 귀찮게스리~ 사과랑 우유는 둘 다 맛있는 음식인데 뭘 어떻게 나누라고~

사과는 한 개씩 셀 수 있지만 우유는 셀 수 없다. 셀 수 있는 명사 앞에는 many를, 셀 수 없는 명사 앞에는 much를 붙여 주면 된다.

apples
milk

아하~ 알 것 같아! 사과는 셀 수 있으니까 many 열쇠! 우유는 셀 수 없으니까 much 열쇠!

지이잉

many
much
apples
milk

뻔쩍

성공인가 봐! 문이 열렸어!

그러네!

many apples
much milk

잠깐만! many 뒤에 오는 명사에는 s를 붙이고, much 뒤에 오는 명사에는 s를 붙이지 않는다는 말도 듣고 가라.

I have many books.
나는 많은 책들을 가지고 있다.

I have much money.
나는 많은 돈을 가지고 있다.

참, 셀 수 있는 명사, 셀 수 없는 명사에 모두 사용할 수 있는 a lot of와 lots of도 있다.

야! 이런 거 있으면 미리 가르쳐 줘!

I have a lot of toys.
나는 많은 장난감들을 가지고 있다.

He has lots of money.
그는 많은 돈을 가지고 있다.

쾅

앗! 문이 닫혔어!

책임져, 쿠루! 네 설명 듣다가 시간 초과로 닫혔나 봐!

그게 아니다. 옆을 봐라.

너희도 좀 먹을래?

와구 와구

건이가 사과랑 우유를 먹어 치워서 많았던 수량이 점점 줄어드니 문이 닫힌 거다.

우유 맛 죽군!

으앙~ 난 몰라!

흐읍흐읍! (또 미션인가 봐요! 빨리 빨리!)

어머! 관문 위의 글씨가 '조금 있는'으로 바뀌었잖아?

조금 있는

그러고 보니 수량형용사 열쇠도 a few랑 a little로 새로 생겼어.

a few

a little

둥둥

둥둥

'조금 있는'이란 뜻의 수량형용사 a few는 셀 수 있는 명사에, a little은 셀 수 없는 명사에 쓰인다.

I wrote a few letters.
나는 약간의 편지들을 썼다.

I want a little water.
나는 약간의 물을 원한다.

그렇다면!

호잇!

지이잉

a few

a little

됐어! 성공이야!

a few apples

a little milk

문이 열렸다. 얼른 들어가자!

잠깐만! 내 설명을 마저 듣고 가라.

저기… 들어가서 들으면 안 될까?

이건 꼭 들어야 한다. '조금 있는'이란 뜻의 수량 형용사로는 some과 any도 있다.

some은 셀 수 있는 명사, 셀 수 없는 명사 모두 앞에서 쓸 수 있다.

I have some apples.
나는 사과를 조금 가지고 있다.

I have some milk.
나는 우유를 조금 가지고 있다.

하지만 의문문과 부정문에서는 some 대신 any를 사용해야 한다.

친절한 설명 고맙습니다~

I do not have any apples.
나는 사과를 조금도 가지고 있지 않다.

Do you have any milk?
너는 우유를 조금이라도 가지고 있니?

안 돼!

왜 들어가려고만 하면 자꾸 닫히는 거야!!

설마 건이가 또…

너희들도 들어와서 같이 마시자!

제발 그만 좀 먹으란 말이야!

배고프면 난 아무것도 못한단 말이야!

어라? 글자가 또 바뀌었네?

거의 없는

흐읍흐읍~
(수량형용사 열쇠도 새로 생겼어요!)

음… 그런데 a만 빠져 있고 아까랑 그대론데?

few   little

건이 때문에 음식의 양이 줄어들어서 이젠 거의 없게 되었다. '거의 없는'이란 뜻의 few와 little 열쇠를 알맞게 꽂으면 된다.

그럼 아까처럼 few가 셀 수 있는 사과 앞에, little이 셀 수 없는 우유 앞에!

지이잉

few   little
apples   milk

정답이다. few는 셀 수 있는 명사 앞에, little은 셀 수 없는 명사 앞에 쓰인다.

I have few friends.
나는 친구들이 거의 없다.

I drink little coffee.
나는 커피를 거의 마시지 않는다.

문이 열렸어! 건이가 또 딴짓하기 전에 얼른 들어가자!

끼이익

few
apples

little
milk

오잉? 넌 그걸 어디서 들고 온 거야?

헤헷, 거의 안 남았는데 남겨두고 가는 게 너무 아까워서 몽땅 들고 왔지롱. 하나 먹을래?

꽥!

꽝

또!

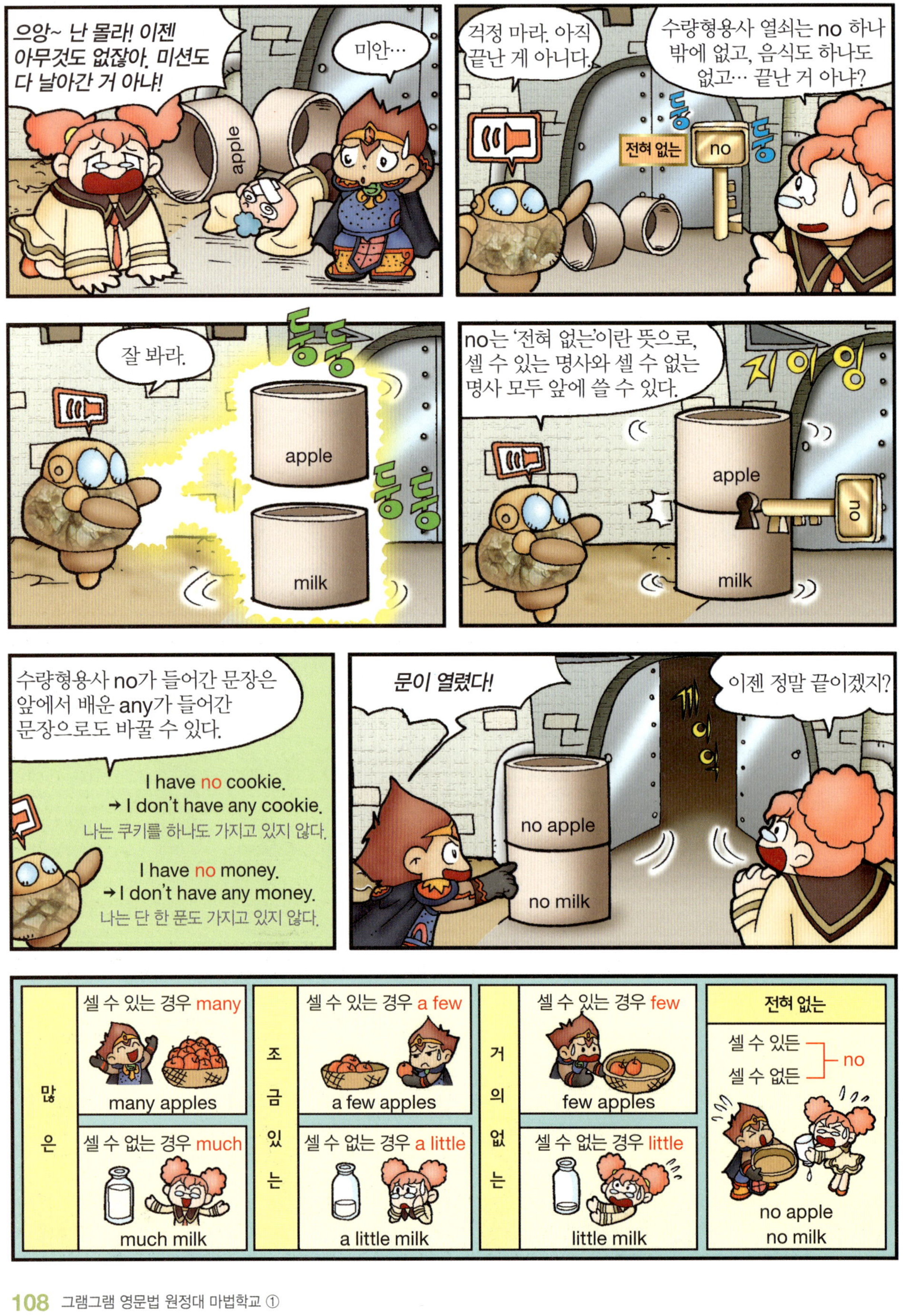

으앙~ 난 몰라! 이젠 아무것도 없잖아. 미션도 다 날아간 거 아냐!
미안…
apple
걱정 마라. 아직 끝난 게 아니다.
수량형용사 열쇠는 no 하나 밖에 없고, 음식도 하나도 없고… 끝난 거 아냐?
둥 둥
전혀 없는
no
잘 봐라.
둥둥
apple
둥둥
milk
no는 '전혀 없는'이란 뜻으로, 셀 수 있는 명사와 셀 수 없는 명사 모두 앞에 쓸 수 있다.
지이잉
apple
no
milk
수량형용사 no가 들어간 문장은 앞에서 배운 any가 들어간 문장으로도 바꿀 수 있다.
I have no cookie.
→ I don't have any cookie.
나는 쿠키를 하나도 가지고 있지 않다.
I have no money.
→ I don't have any money.
나는 단 한 푼도 가지고 있지 않다.
문이 열렸다!
끼이익
이젠 정말 끝이겠지?
no apple
no milk

	셀 수 있는 경우	셀 수 없는 경우
많은	many — many apples	much — much milk
조금 있는	a few — a few apples	a little — a little milk
거의 없는	few — few apples	little — little milk
전혀 없는	셀 수 있든 → no — no apple	셀 수 없든 → no — no milk

누구야?

깜짝이야!

음하하하

고요요

너희들이 죽고 싶어서 제 발로 찾아왔구나. 내 수고를 덜어 줘서 고맙다!

두둥

앗! 저건 애드버브잖아!

네 실력으로 감히 마법학교의 졸업장을 따겠다니 염치도 없구나.

진짜 내가 졸업장 따는 것에 왜들 관심이 많은 거야?

아무튼 다크 쉐도우가 누군지 어서 순순히 말하는 게 좋을 거야!

잠깐! 우리 마법 좀 먼저 풀어 줘! 크흡크흡~

모두 시끄럽다! 내가 네 녀석들에게 부사 마법을 한 수 가르쳐 주지.

형용사 마법은 장난에 불과했단 걸 느끼게 해 주마!

1 수량형용사는 수와 양이 어느 정도인지 말하는 형용사란 거 알겠죠? 각 그림에 맞는 수량형용사를 보기에서 골라 써 주세요.

| 보기 | **much** | **a few** | **few** | **a little** | **little** | **many** |

2 아래 명사들을 **many**와 함께 써야 하는 것과 **much**와 함께 써야 하는 것으로 나누어 써 주세요.

MANY	MUCH

3 그림을 보고 a few, few, a little, little 중에서 알맞은 수량형용사를 골라 쓴 다음, 그 뒤에 올 명사를 아래의 두 단어 중 골라 동그라미 하세요.

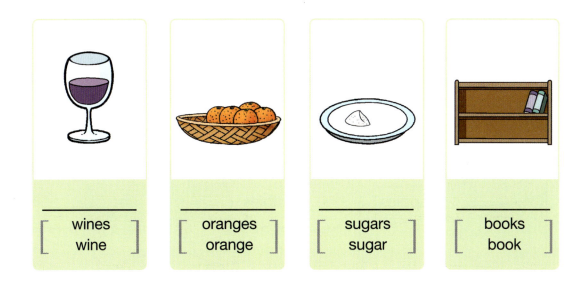

_____
[wines
wine]

_____
[oranges
orange]

_____
[sugars
sugar]

_____
[books
book]

4 건이의 엄청난 식욕 때문에 테이블 위의 음식이 꽤 줄었어요. 음식이 어느 정도 남아 있는지 some 또는 any를 이용해 문장을 완성하세요.

I have _____ bread.

I have _____ eggs.

I don't have _____ meat.

I have _____ milk.

I don't have _____ apples.

5 자동번역기 마법 아이템 덕분에 마법학교 친구들이 쿠루와 대화를 할 수 있게 되었어요. some, any, no 중 알맞은 수량형용사를 빈칸에 써서 대화를 완성하세요.

6 냉장고 안에 여러 가지 음식들이 보이네요. 주어진 문장이 그림의 내용과 일치하면 괄호 안에 ○를, 일치하지 않으면 X를 표시하고 수량형용사를 올바르게 고쳐 쓰세요.

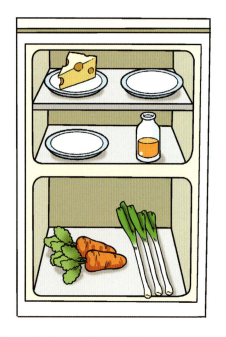

I have no cookies. ( ) _____

I have some cheese. ( ) _____

I have little juice. ( ) _____

I have a few vegetables. ( ) _____

I don't have some bread. ( ) _____

7 빛나네 집 정원의 모습입니다. 빛나는 정원에 나무와 꽃을 기르고, 채소들을 심는다고 합니다. 그림을 보고 문장의 괄호 안에서 알맞은 수량형용사를 골라 동그라미 하세요.

I have a beautiful garden.

There are trees, flowers and vegetables.

I plant (some / any) trees.

I plant (many / much) flowers.

I plant (a little / a few) vegetables.

There are (much / a lot of) butterflies over the flowers.

I love my garden very much.

부사란 무엇인가

부사의 형태와 문장에서의 위치

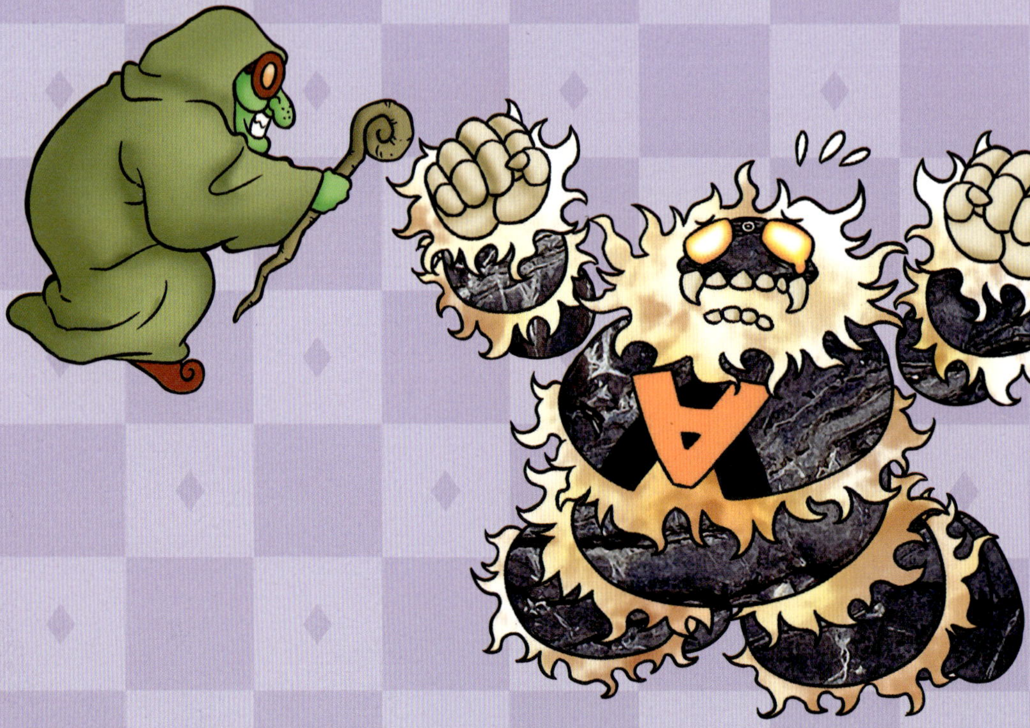

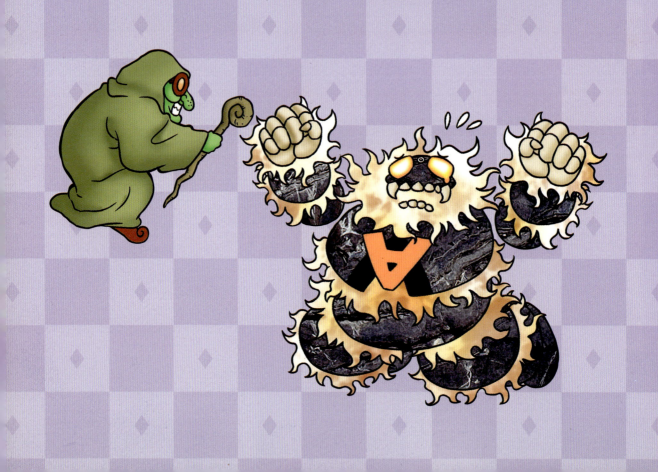

04
부사

부사란 무엇인가

우앗!

꽝꽝

부사의 따끔한 맛을 봐라!
I'm very strong.
나는 매우 강하다.

꽝 꽝

부사가 먹는 거야?
따끔한 맛이라니?

크흡크흡~

빨리 달린다.

정말 예쁘다.

나는 너를 아주 좋아한다.

부사는 '진짜'나 '정말'처럼
동사나 형용사를 도와서 느낌과 뜻을
더 분명히 해 주는 말이다.

그래, 그냥 '좋아한다'라고 할 때
보다 '정말 좋아한다'라고 하니
느낌이 확 오는 걸…

야, 지금 숨어서 부사 공부할 때야?!

당연하지. 부사를 잘 알아야 애드버브를 상대할 수 있잖아.

무서워서 숨었으면서 핑계는…

그런데 부사가 형용사랑 동사를 돕는다는 게 어떤 건지 감이 잘 안 오는데?

부사는 형용사가 '얼마나 ~한지'를 알려 줘서 형용사의 의미를 더 강하게 만든다.

very long
매우 긴

too large
매우 큰

really hot
진짜 뜨거운

pretty good
아주 좋은

Tom is so sick.
톰은 매우 아프다.

그리고 부사는 동사가 '어떻게 ~한지'를 알려 줘서 동사를 돕지.

go up
위로 가다

go down
아래로 가다

jump high
높이 뛰다

fall slowly
천천히 떨어지다

I study English.
나는 영어를 공부한다.

어떻게 공부해?

I study English hard.
나는 영어를 열심히 공부한다.

Birds fly.
새들이 난다.

어떻게 날아?

Birds fly high.
새들이 높이 난다.

정말 부사만 잘 알면 애드버브를 상대할 수 있을까?

그렇다. 게다가 내가 애드버브의 약점을 잘 알고 있다.

야! 그런 거 있으면 미리미리 말하라고!!

부사의 형태와 문장에서의 위치

애드버브의 약점을 공략하기 전에 부사의 형태와 위치를 알아 두어야 한다.

대부분의 부사는 형용사에 -ly를 붙인 형태다. 단, y로 끝나는 형용사는 y를 i로 고친 후 -ly를 붙인다.

slow + ly = slowly 느리게

beautiful + ly = beautifully 아름답게

quick + ly = quickly 빠르게

happy + ly = happily 행복하게

아, 그리고 보니 형용사 뒤에 -ly가 붙은 것들이 다 부사였구나!

꼭 그런 건 아니다. 형용사와 모양이 똑같은 부사도 있으니 조심해야 한다.

형용사	부사
hard 단단한	hard 열심히
fast 빠른	fast 빨리
long 긴	long 오래
high 높은	high 높게
well 건강한	well 잘
short 짧은	short 짧게

문장에서 부사의 위치는 특별히 정해진 건 아니지만 대개 도와주는 말의 앞이나 뒤에 쓴다.

동사를 도와줄 때는 동사 뒤에, 형용사를 도와줄 때는 형용사 앞에 쓰면 된다.

동사를 도와줄 때
Gun speaks loudly.
건이 크게 말한다.
Mary dances beautifully.
메리가 아름답게 춤을 춘다.

형용사를 도와줄 때
Adverb is very big.
애드버브는 매우 크다.
She is so kind.
그녀는 매우 친절하다.

알았어~ 알았어~ 그럼 이제 애드버브의 약점을 말해 줘!

애드버브의 약점은 가슴에 있는 AV 구슬이다. 그곳을 집중 공격해라!

야! 그건 전에 네가 말해 줘서 다 알고 있는 약점이잖아!

그리고 부사랑 아무 관계도 없잖아!

너희들! 거기 숨은 거 다 알고 있다. 어서 나오지 못해?!

앗, 들켰어!

안 나오면 쳐들어가는 수밖에. 받아랏!!

이젠 죽었다…

뭐야? 어떤 놈이 방해를…

펑

네 이놈! 애드버브!

헉! 센텐스님!

두둥

앗, 교장 선생님!

이제 살았다…

뭐야, 센텐스님이 이 학교 교장 선생님이었어?

어쩐지 이 학교로 날 보낸 이유가 있었군…

애드버브, 어떻게 또 사악한 흑마법에 걸린 게냐?

그건… 기억이 안 난다. 쳇, 이렇게 되면 센텐스 네 녀석부터 손을 봐 주지!

어리석은 것…
You are very stupid!
너는 매우 어리석다!

콰지지직

크허헉!

에구구~

콜

와아, 우리 마법도 풀렸다!

교장 선생님!

오냐~ 무사해서 다행이구나.

건이 넌 어떠냐, 일주일 안에 졸업할 수 있겠느냐?

네? 네엣!

그래, 열심히 해 보거라. 그럼 좋은 결과가 있을 게야.

으이이잉

애직은 나랑 할 얘기가 있으니 수업 마치고 날 찾아오너라.

네엣!

뭐야, 괜히 나까지 겁먹었잖아…

끔적끔적

애들아, 무슨 일 있었니?

또 기억상실증이네…

그런데 다크 쉐도우가 누구지? 궁금해 미치겠네!!!

1 부사는 형용사나 동사의 느낌을 더 분명하게 해 주는 말이랍니다. 다음 문장에서 어떤 단어가 부사인지 동그라미 하세요.

I study hard.

The boy runs fast.

This kettle is really hot.

The elephant is too big.

2 부사는 형용사에 **-ly**를 붙여서 만든다는 것 알고 있죠? 다음 형용사들을 부사로 바꿔 보세요.

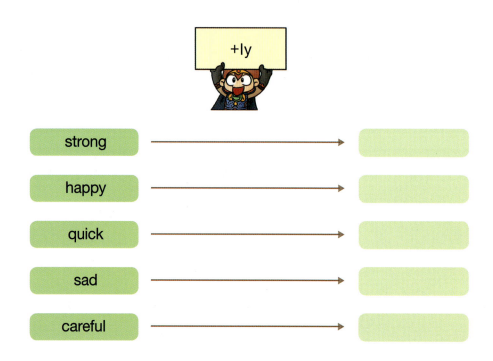

3 오른쪽 뜻에 맞는 부사의 철자를 구슬에 하나씩 쓰세요. 그리고 노란색 칸의 철자를 연결하여 문장의 빈칸에 알맞은 부사를 쓰세요.

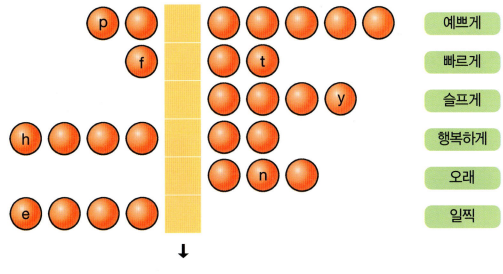

예쁘게

빠르게

슬프게

행복하게

오래

일찍

I can solve the puzzle _____ .

4 다음 문장의 밑줄 친 부사들을 그림에 어울리는 부사로 보기에서 골라 바꿔 주세요.

 He gets up early.

(→   )

 He walks slowly.

(→   )

 He goes down the stairs.

(→   )

 He studies high.

(→   )

보기	late	fast	hard	up

5 부사 중에는 형용사와 똑같은 모습을 한 부사도 있답니다. 문장에서의 위치만 다를 뿐이죠. 다음 짝 지어진 문장의 빈칸에 공통으로 들어갈 단어를 보기에서 골라 쓰세요.

Gun is a _____ runner.
The rabbit runs _____ .

This is a _____ mountain.
The bird flies _____ .

It's a _____ rock.
I exercise _____ .

He eats _____ breakfast.
He gets up _____ .

보기	high	fast	early	hard

6 센텐스 교장 선생님이 문장 속 단어들을 뒤섞어 놓은 문제를 내고 가셨어요. 단어들을 바르게 배열 하여 문장을 마저 완성해 주세요.

quickly / they / clean / the room
→ They clean the room quickly.

very / Judy / pretty / is
→ Judy is

my watch / expensive / is / too
→ My watch is

plays / Harry / well / soccer
→ Harry plays

7 다음은 어떤 일이 얼마나 자주 일어나는지를 나타내는 빈도부사입니다. 빈도부사에는 어떤 종류가 있는지, 그리고 어떤 위치에 들어가는지 애직의 설명을 잘 듣고, 문제를 한번 풀어 볼까요?

> 빈도부사는 얼마나 자주 일어나는지에 따라 아래와 같이 정리할 수 있어. 표와 문장을 비교하면서 빈도부사를 잘 이해하도록 해.

빈도부사의 종류

always	>	usually	>	often	>	sometimes	>	never
항상		대개		종종		가끔		절대 ~않는

	Mon	Tue	Wed	Thu	Fri	Sat
Ann	bus	bus	bus	bus	bus	bus
Mike	bus	bus	bus	bus	bus	walk
Eric	bus	bus	walk	bus	walk	bus
Sora	bus	walk	walk	walk	bus	walk
Jiho	walk	walk	walk	walk	walk	walk

Ann **always** goes to school by bus.

Mike **usually** goes to school by bus.

Eric **often** goes to school by bus.

Sora **sometimes** goes to school by bus.

Jiho **never** goes to school by bus. He always walks to school.

> 빈도부사는 be동사 뒤에, 일반동사 앞에 오지.

＊ 자, 이제 위의 도표를 보고 각 문장의 빈칸에 알맞은 빈도부사를 써 보세요.

Ann (   ) walks to school.   Sora (   ) walks to school.

Eric (   ) walks to school.   Jiho (   ) walks to school.

시제란 무엇인가
현재시제
과거시제
미래시제
be동사의 시제

05
시계

시제란 무엇인가

이번엔 무슨 수업이지?

텐스 선생님의 시제 수업 시간이에요.

텐스?

음… 텐스라면 거짓말로 날 속인 그 얄미운 녀석이군.

그럴 리가! 텐스는 시간을 지배하는 현자 타임님의 수제자라고.

아, 지금이 아니라 옛날에 그랬다고~

그럼 과거형으로 말씀하셨어야죠.

과거형?

그럼 시제가 과거에 형이었단 말이야?

헐~ 그게 아니라…

시간엔 이미 지나간 시간인 과거, 지금 이 시간인 현재, 그리고 앞으로 다가올 시간인 미래가 있어요. 시간을 구별해서 말하는 건 매우 중요하죠.

the present
the past
the future

어떤 일이 일어난 시간이 과거인지 현재인지 미래인지에 따라 다르게 말해야 하거든요.

왜 다르게 말해야 하는데?

우리말도 '먹었다, 먹는다, 먹겠다'처럼 말 끝을 바꿔서 일이 일어나는 시간을 나타내잖아.

먹다

〈현재에 하는 일을 말할 때〉
나는 피자를 먹는다.

〈과거에 한 일을 말할 때〉
나는 피자를 먹었다.

〈미래에 할 일을 말할 때〉
나는 피자를 먹겠다.

맞아요. 영어도 일이 일어난 시간에 따라 동사의 모양이 바뀐답니다.

역시 동사가 변하는군.

'시제'란 말할 때 어떤 일이 일어난 시간을 과거, 현재, 미래로 구분해서 나타내는 방법을 말해요.

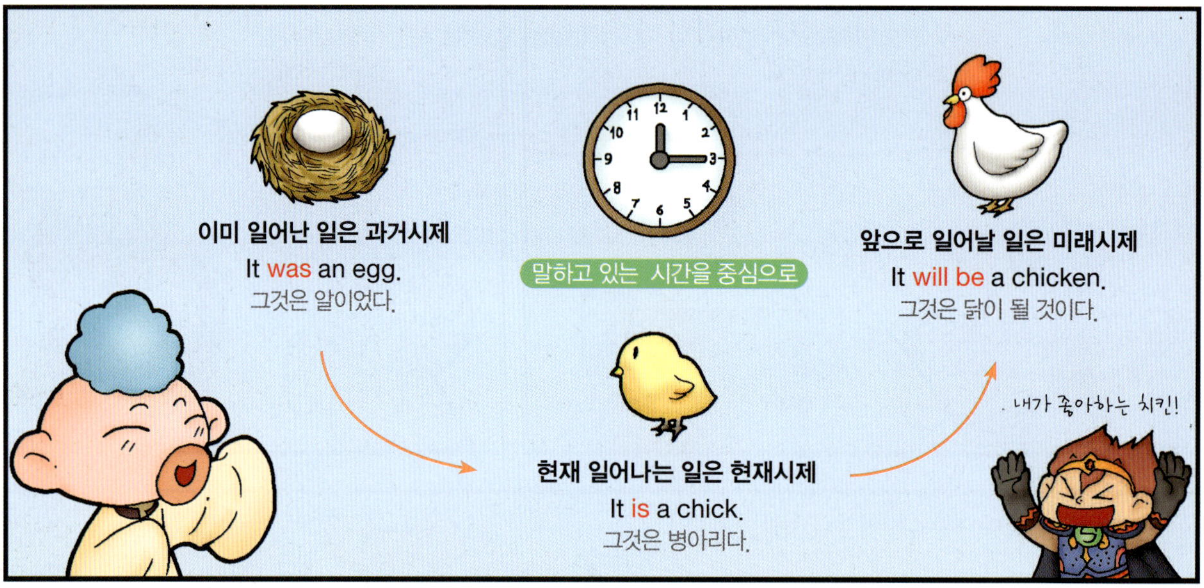
이미 일어난 일은 과거시제
It was an egg.
그것은 알이었다.
말하고 있는 시간을 중심으로
앞으로 일어날 일은 미래시제
It will be a chicken.
그것은 닭이 될 것이다.
현재 일어나는 일은 현재시제
It is a chick.
그것은 병아리다.
내가 좋아하는 치킨!

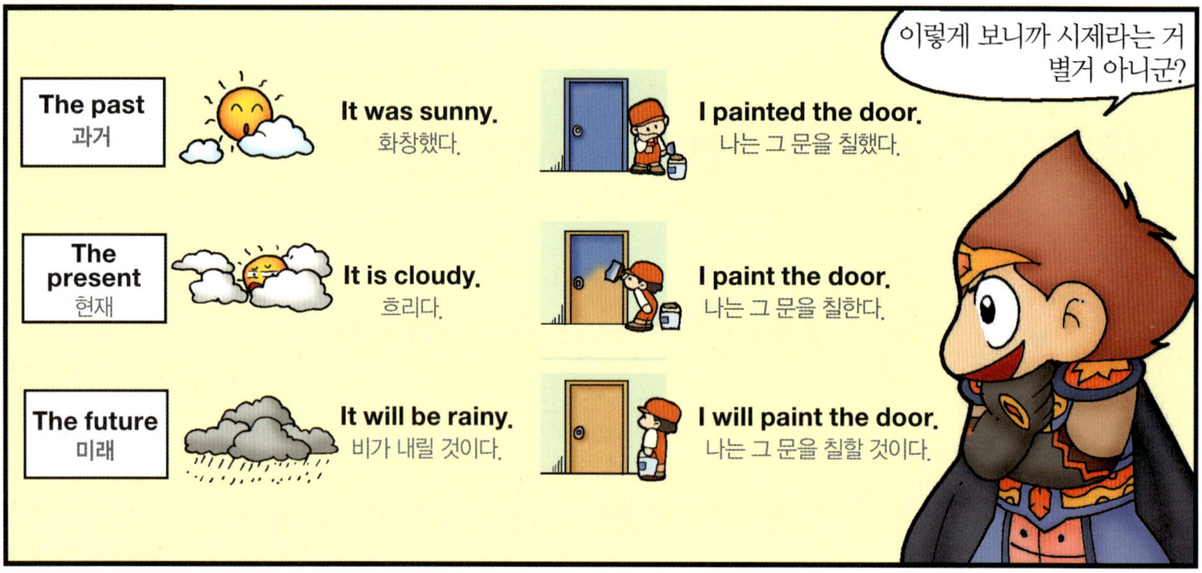
이렇게 보니까 시제라는 거 별거 아니군?
The past
과거
It was sunny.
화창했다.
I painted the door.
나는 그 문을 칠했다.
The present
현재
It is cloudy.
흐리다.
I paint the door.
나는 그 문을 칠한다.
The future
미래
It will be rainy.
비가 내릴 것이다.
I will paint the door.
나는 그 문을 칠할 것이다.

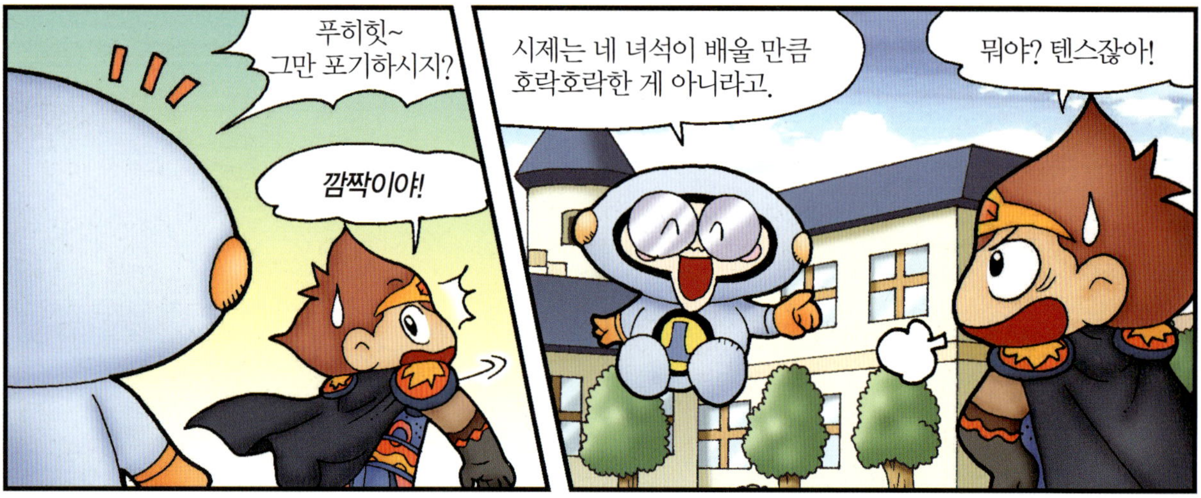
푸히힛~ 그만 포기하시지?
깜짝이야!
시제는 네 녀석이 배울 만큼 호락호락한 게 아니라고.
뭐야? 텐스잖아!

자, 여러분. 오늘 수업은 없으니 그냥 돌아가도록 하세요.

진짜?

얘가 속고만 살았나? 큭큭. 대신 배운 게 없으니 네 졸업 점수도 없어. 키키킥~

뭐라고?!

누구 놀리는 거야?

짜잔~ 타임포탈 소환!

야! 어디 가? 점수는 주고 가!

일찍 가서 발 닦고 잠이나 자라고.

워이잉

내가 이렇게 숨어 버리면 건이 녀석 나한테 점수를 못 받아서 졸업을 못하겠지?

슈이잉

게다가 지금은 타임님도 안 계시니 건이가 타임포탈로 날 따라올 재주는 없겠고~

슈우우

사뿐히 착지~

현재시제

어떻게 된 거야? 여긴 현재잖아.

다시 왔네?

장난해?

아차차, 서두르다가 실수로 현재시제 타임포탈을 열어서 현재로 온 거로군.

현재시제라고?

엥? 모르는 거야?

쳇, 현재시제도 모르는 애한테 괜히 졸업 점수 안 주려고 도망 다녔잖아?

건님이 현재시제를 모를 리 없어요. 그죠?

하하…

헉, 진짜 모르나 봐… 이거 큰일인데?

하하…

할 수 없죠. 부작용은 있겠지만 비상수단을 쓸 수밖에요.

꼭두각시 마법~ 야앗!

뭐야? 몸이 멋대로 움직이네?

들썩

들썩

쩌이잉

으음~ 그러니까 현재시제는 지금 일어나는 일을 말할 때 쓴다고 했어.

헉, 내 입이 저절로 움직여!

현재시제로 말할 때는 우선 주어가 단수인지 복수인지 살펴봐야 해.

왜 저래?

저게 스몰리가 말한 부작용인가 보네…

하나의 사람이나 사물이 어떤 행동을 할 때에는 동사 끝에 -s를 붙이지.

덩실 덩실

헐~

Pio swims very well.
피오는 수영을 매우 잘 한다.

A dog runs fast.
개가 빨리 달린다.

이때 동사가 sh나 ch, s, x, o로 끝나면 -es를 붙여 주고

빙그르

The penguin fishes.
펭귄이 낚시를 한다.

She dresses up well.
그녀는 옷을 매우 잘 입는다.

y로 끝나는 동사는 y를 i로 고치고 es를 붙이면 현재시제가 된다고.

실룩 실룩

우웩~

He studies English hard.
그는 영어를 열심히 공부한다.

The man flies in the sky.
그 남자는 하늘을 난다.

하지만 주어가 여러 사람이나 여러 사물인 경우에는 동사의 원래 모습 그대로 사용해.

아라베스크~

People wash the dishes.
사람들이 설거지를 한다.

They live in the apartment.
그들은 그 아파트에 산다.

또 주어가 단수라도 I 나 You일 경우에는 원래 동사 모습 그대로 써야 하지.

I like ice cream.
나는 아이스크림을 좋아한다.

You wear a hat.
너는 모자를 쓴다.

부작용이 꽤 심하구나…

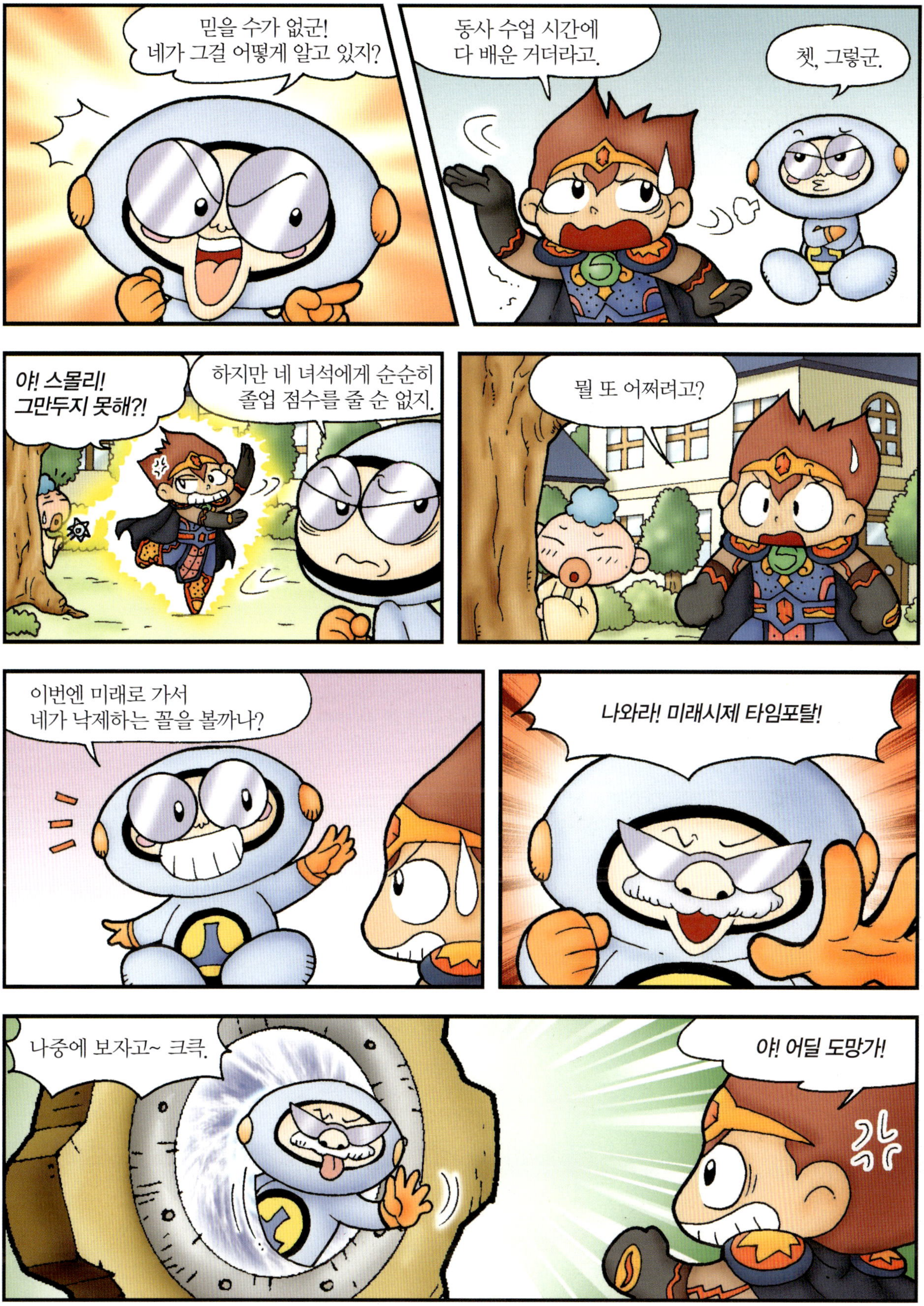
믿을 수가 없군!
네가 그걸 어떻게 알고 있지?
동사 수업 시간에
다 배운 거더라고.
쳇, 그렇군.
야! 스몰리!
그만두지 못해?!
하지만 네 녀석에게 순순히
졸업 점수를 줄 순 없지.
뭘 또 어쩌려고?
이번엔 미래로 가서
네가 낙제하는 꼴을 볼까나?
나와라! 미래시제 타임포탈!
나중에 보자고~ 크큭.
야! 어딜 도망가!
각

1 그림 속 건이의 행동에 어울리는 시제를 쓴 문장을 골라 연결하세요.

- I play tennis in the court.

- I will play tennis tomorrow.

- I played tennis yesterday.

2 문장을 읽고 일이 일어나는 순서대로 그림 아래에 번호를 쓰세요.

I washed my face.
I brush my teeth.
I will comb my hair.

(　　　)　　　(　　　)　　　(　　　)

He did his homework.
He has dinner.
He will read a book.

(　　　)　　　(　　　)　　　(　　　)

3   빛나가 적어 놓은 아래 문장을 보고, 빛나에게 오늘 필요한 물건을 골라 동그라미 하세요.

It was sunny yesterday. I swam in the sea.

It is rainy today. I go shopping with my mom.

It will be snowy tomorrow. I will make a snowman.

4   다음 문장들은 어떤 시제 포탈에 어울릴까요? 알맞게 연결해 보세요.

It is very cold.

You will play the piano.

My dad washed his car.

Bears sleep in winter.

I will close the windows.

They built the house
last year.

PAST

PRESENT

FUTURE

5 각 문장에서 현재시제를 나타내는 단어 하나를 골라 동그라미 하세요. 그런데 한 문장은 현재시제가 잘못 쓰였네요. 틀린 부분을 바르게 고쳐 문장을 다시 써 보세요.

The rabbit runs fast.

They carry the boxes.

A girl plaies the piano.

We listen to music.

6 두 문장 중에서 현재시제가 바르게 쓰인 문장을 골라 ✓ 표시를 하세요.

You likes cats.	☐	He go to the park.	☐
Mary likes dogs.	☐	I go to the library.	☐
They eat apples.	☐	Tom help his mother.	☐
He eat an orange.	☐	I help my father.	☐

7 메리가 학교에서 집으로 돌아온 후 매일 일어나는 일들을 써 놓았어요. 다음 문장의 주어를 보고 괄호 속의 동사를 알맞게 바꾸어 쓰세요.

Mary _____(come) home at 4 o'clock after school.

Her mother _____(cook) for Mary and her brother.

Mary _____(help) her mother.

Her brother _____(watch) TV in the evening.

8 문장의 동사가 나뭇잎에 가려 일부분만 보이는군요. 그림에 맞게 알맞은 동사를 현재시제로 쓰세요.

Newey l____ to music.
(→   )

Smally and Momo w____ hats.
(→   )

Gun e____ ice cream.
(→   )

A duck s____ in the lake.
(→   )

과거시제

뭐 해! 어서 쫓아가자.

안 돼요!

시간을 다스리는 마법 없이 함부로
타임포탈에 들어가면 위험해요.

그러면 그냥
도망가게 놔 둬?

잠깐, 좋은 수가
있어요!

타임포탈이 닫히기 전에 시제 마법을
사용하면 텐스가 열어 놓은 타임포탈을
다시 현재로 돌릴 수 있을 거에요.

우이이잉

무슨 수로? 시제 마법은 또 뭐야?

텐스가 미래시제 타임포탈을 이용해서
미래로 간다고 했잖아요. 그걸 과거시제
마법을 사용해서 미래에 열릴 타임포탈을
현재에 열리도록 바꾸는 거죠.

미래

현재

현재

과거 — 현재 — 미래

아하! 미래의 과거는 현재라는 거지?

그게 가능할까?

일단 해 보는 수밖에 없어요.

좋았어. 그럼 어서 과거시제 마법을 사용하라고!

불끈

그러기 전에 우선 과거시제 마법 규칙을 알아야 해요.

역시 공짜는 없군…

과거시제는 이미 일어난 일을 말할 때 사용하는데, 동사 끝에 -ed를 붙이면 돼요. 하지만 예외로 -ed를 붙이지 않는 경우도 있어요.

-ed

스몰리 단독 샷 부럽다.

쩝~ 난 또 병풍이네.

일반적으로 동사 끝에 -ed를 붙이면 '~했다'는 뜻의 과거형이 돼요.

우리만 있으면 과거형이라고.

동사 -ed

want + ed ➔ wanted
Gun wanted items. 건은 아이템들을 원했다.

wash + ed ➔ washed
She washed her face. 그녀는 세수를 했다.

call 부르다 ········· called 불렀다
help 돕다 ········· helped 도왔다
work 일하다 ······· worked 일했다
ask 묻다 ········· asked 물었다

동사 끝이 e로 끝날 경우에는 e가 이미 있으니까 -d만 붙여 주면 되겠죠?

난 이미 있으니까 d만 오라고.

동사 e - d

like + d ➔ liked
Yally liked Gun. 얄리는 건을 좋아했다.

dance + d ➔ danced
Gun danced with her. 건은 그녀와 춤을 추었다.

love 사랑하다 ········· loved 사랑했다
live 살다 ··········· lived 살았다
hope 원하다 ········· hoped 원했다
move 움직이다 ········· moved 움직였다

y로 끝나는 동사는 y를 i로 고친 후 -ed를 붙여요.

y

y는 버리고 대신 i를 넣는다고.

동사 -ied

dry ➔ dried
She dried her hair. 그녀는 머리를 말렸다.

study ➔ studied
Gun studied yesterday. 건은 어제 공부를 했다.

try 노력하다 ······· tried 노력했다
fly 날다 ··········· flied 날았다
cry 울다 ··········· cried 울었다

그럼 이번엔 -ed가 붙지 않는 경우를 알아볼까요?

She eated an apple. (X)
She <u>ate</u> an apple. (O)
그녀는 사과를 먹었다.

I runed fast. (X)
I <u>ran</u> fast. (O)
나는 빨리 달렸다.

The singer singed a song. (X)
The singer <u>sang</u> a song. (O)
그 가수가 노래를 불렀다.

build 짓다 ·············· built 지었다
draw 그리다 ·············· drew 그렸다
find 찾다 ·············· found 찾았다
make 만들다 ·············· made 만들었다
put 놓다 ·············· put 놓았다
see 보다 ·············· saw 보았다
say 말하다 ·············· said 말했다
think 생각하다 ·············· thought 생각했다

이런 동사들은 과거시제로 바꿀 때 특정한 규칙이 없기 때문에 그때그때 외우는 수밖에 없어요.

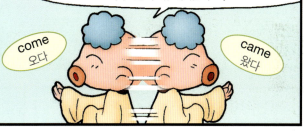

come
오다

came
왔다

나 외우는 건 쥐약인데…

일어나세요. 여기서 포기하면 안 돼요! 언젠가는 다 익힐 수 있을 거에요.

자, 타임포탈이 닫히기 전에 어서 이걸로 과거시제 마법을 사용하세요!

come

에라~ 모르겠다!

come의 과거형은 came이라고 했으니까~

Grammpet Tense came back to the present.
그램펫 텐스는 현재로 돌아왔다.

쿠웅

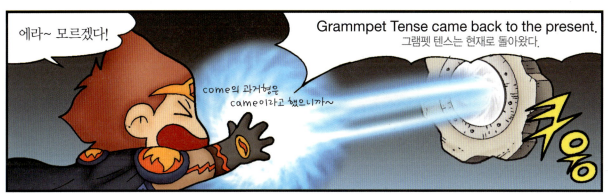

미래시제

어라? 어떻게 된 거야? 여긴 현재잖아.

또 왔네?

이상하다… 미래로 타임포탈을 열었는데.

뭐야, 장난해?

그럼 이번엔 과거로 가야지. 과거시제 타임포탈 소환!

야! 어딜 도망가!

졸업점수 받고 싶으면 따라와 보라고~

뭐 해! 어서 쫓아가자.

안 돼요!

시간을 다스리는 마법 없이 함부로 타임포탈에 들어가면 위험해요.

우이잉

그러면 그냥 도망가게 놔 둬?

잠깐, 좋은 수가 있어요.

타임포탈이 닫히기 전에 시제 마법을 사용하면 텐스가 열어 놓은 타임포탈을 다시 현재로 돌릴 수 있을 거에요.

과거

현재

현재

무슨 수로? 시제 마법은 또 뭐야?

텐스가 과거시제 타임포탈을 이용해서 과거로 간다고 했잖아요. 그걸 미래시제 마법을 사용해서 과거에 열릴 타임포탈을 현재에 열리도록 바꾸는 거죠.

아하! 과거의 미래는 현재라는 거지?

그런데 말이야… 우리 이거 왠지… 전에 똑같은 상황이 벌어졌었던 느낌 안 드니…

여하튼 그럼 어서 미래시제 마법을 사용하라고!

그러기 전에 우선 미래시제 마법 규칙을 알아야 해요.

쳇, 내 이럴 줄 알았어…

미래시제는 앞으로 일어날 일을 말할 때 사용하죠. will을 동사 앞에 쓰면 미래시제가 돼요.

I will go to the moon.
나는 달에 갈 것이다.

It will be rainy.
비가 내릴 것이다.

I will study English hard.
나는 영어를 열심히 공부할 것이다.

단, will 다음에 오는 동사는 원래 모양 그대로 써야 해요. -s나 -es를 붙이면 절대 안 돼요.

The baby cries.
아기가 운다.

→ The baby will cries. (X)
→ The baby will cry. (O)
아기가 울 것이다.

미래시제는 will 하나면 된다니 간단해서 좋군.

will

타임포탈이 닫히기 전에 어서 미래시제 마법을 사용해!

OK!

Grammpet Tense will come back to the present.
그램펫 텐스는 현재로 돌아올 것이다.

어라? 어떻게 된 거야? 여긴 현재잖아.

또 왔다…

으…

뭐야, 장난해?

그만! 그만! 아까랑 똑같은 상황이 계속 반복되고 있잖아!

뭔 소리래?

이렇게 되면 *be*동사의 시제로 정면 승부를 할 수밖에!

비…비라고? 어디? 어디?

그 비가 아니라니까!

아~ 미안미안~

1 이미 일어난 일은 무엇일까요? 두 그림 중 왼쪽 문장과 어울리는 그림을 하나 골라 동그라미 하세요.

Gun drew a bird.

Newey opened the box.

Smally bought the bag.

2 과거시제는 대부분 동사에 -ed, -d, -ied를 써서 나타내죠. 문장의 빈칸에 들어갈 알맞은 동사를 세 가지 통 중에서 골라 과거시제로 바꿔 쓰세요.

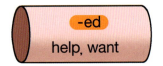

-ed
help, want

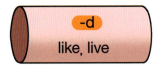

-d
like, live

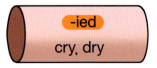

-ied
cry, dry

He h_____ his friends.　　She l_____ cookies.

The baby c_____ all day.　　I l_____ in Jejudo.

We w_____ some water.　　My mom d_____ her hair.

3 다음 동사들은 과거시제로 쓸 때 모양이 불규칙하게 변하는 동사들이에요. 두 단어 중 과거시제로 알맞게 바꾼 것을 골라 동그라미 하세요.

draw   drew   drawed   find   finded   found

break   breaked   broke   go   goed   went

read   read   readed   see   seed   saw

4 왼쪽 문장들을 과거시제 타임포탈로 통과시키면 어떻게 될까요? 과거시제가 되도록 빈칸에 동사를 알맞게 바꿔 쓰세요.

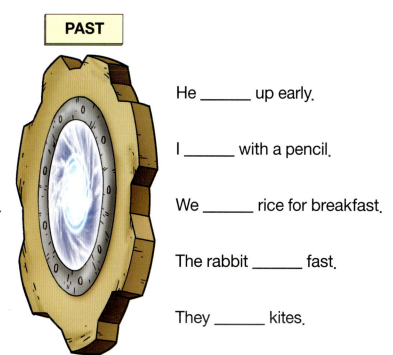

PAST

He gets up early.

I write with a pencil.

We eat rice for breakfast.

The rabbit runs fast.

They make kites.

He _____ up early.

I _____ with a pencil.

We _____ rice for breakfast.

The rabbit _____ fast.

They _____ kites.

5 각자 이번 주말에 할 일들을 말하고 있어요. 그런데 이번 주말에 뭘 할지 알 수 없는 사람도 있네요. 누구인지 동그라미 하세요.

6 친구들이 앞으로 할 일들을 말하고 있어요. 상상하는 그림을 보고 문장의 빈칸에 알맞은 말을 써 주세요.

7 그램펫 텐스가 미래시제를 나타내는 문장에서 틀린 부분에 밑줄을 쳐 놓았어요. 여러분이 바르게 고쳐 보세요.

My uncle will <u>paints</u> the wall.
(▶   )

I <u>wills water</u> the plants.
(▶   )

He <u>wills plays</u> computer games.
(▶   )

We <u>wash will</u> his car.
(▶   )

They <u>will sang</u> a song.
(▶   )

8 주어진 동사를 미래포탈로 통과시켜 미래시제 문장으로 만들어 보세요.

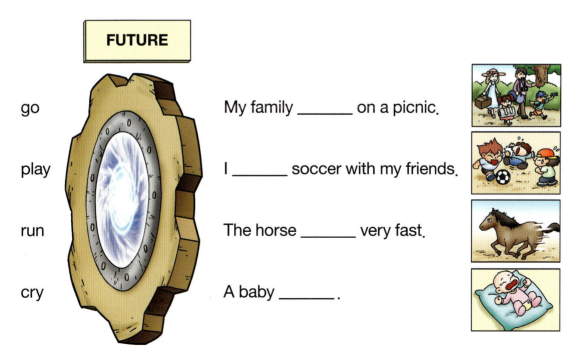

FUTURE

go   My family _____ on a picnic.

play   I _____ soccer with my friends.

run   The horse _____ very fast.

cry   A baby _____.

be동사의 시제

이거 왜 이래~ be동사라면 이미 동사 시간에 끝냈거든?

후훗, 그건 be동사의 현재시제겠지.

be동사의 과거시제와 미래시제를 네가 알까?

헉, be동사에도 그렇게 있는 거야?

그러니까 그 be가 내가 아는 그 비님이 또 아니란 말이지?

네. be동사의 현재시제를 다시 알려 드릴게요. be동사 앞의 주어가 단수면 is를 쓰고, 복수면 are를 쓰면 돼요.

단수 주어일 때

She **is** my cousin. 그녀는 내 사촌이다.
The ship **is** yellow. 그 배는 노란색이다.

복수 주어일 때

They **are** bad penguins. 그들은 나쁜 펭귄들이다.
Penguins **are** in the water. 펭귄들이 물속에 있다.

잠깐! I는 단수지만 am을 쓴다는 거, you는 단수든 복수든 are를 쓴다는 걸 잊으면 안 돼요.

I **am** a wizard.
나는 마법사다.

You **are** a teacher.
너는 선생님이다.

You **are** Bitna and Pio.
너희들은 빛나와 피오다.

어이! 동사 시간에 배웠던 거 재방송 좀 그만하시지!

자, 이제부터 시작이다. be동사 과거시제 포탈 소환!

헉! 여긴 어디야?

어디긴~ be동사의 시제 함정이지.

거기서 빠져나오려면 올바른 be동사 과거시제 포탈을 세 번 맞혀야 해.

조심하라고. 포탈을 잘못 선택하면 어디로 떨어질지 나도 모르니까. 킥킥~

be동사 과거형은 was와 were 뿐인가? 현재형은 am, is, are 세 개였는데, 두 개밖에 없으니 왠지 더 어려운 것 같다…

was   were

우우웅

스몰리는 항상 주어가 단수인지 복수인지를 먼저 보라고 했는데…

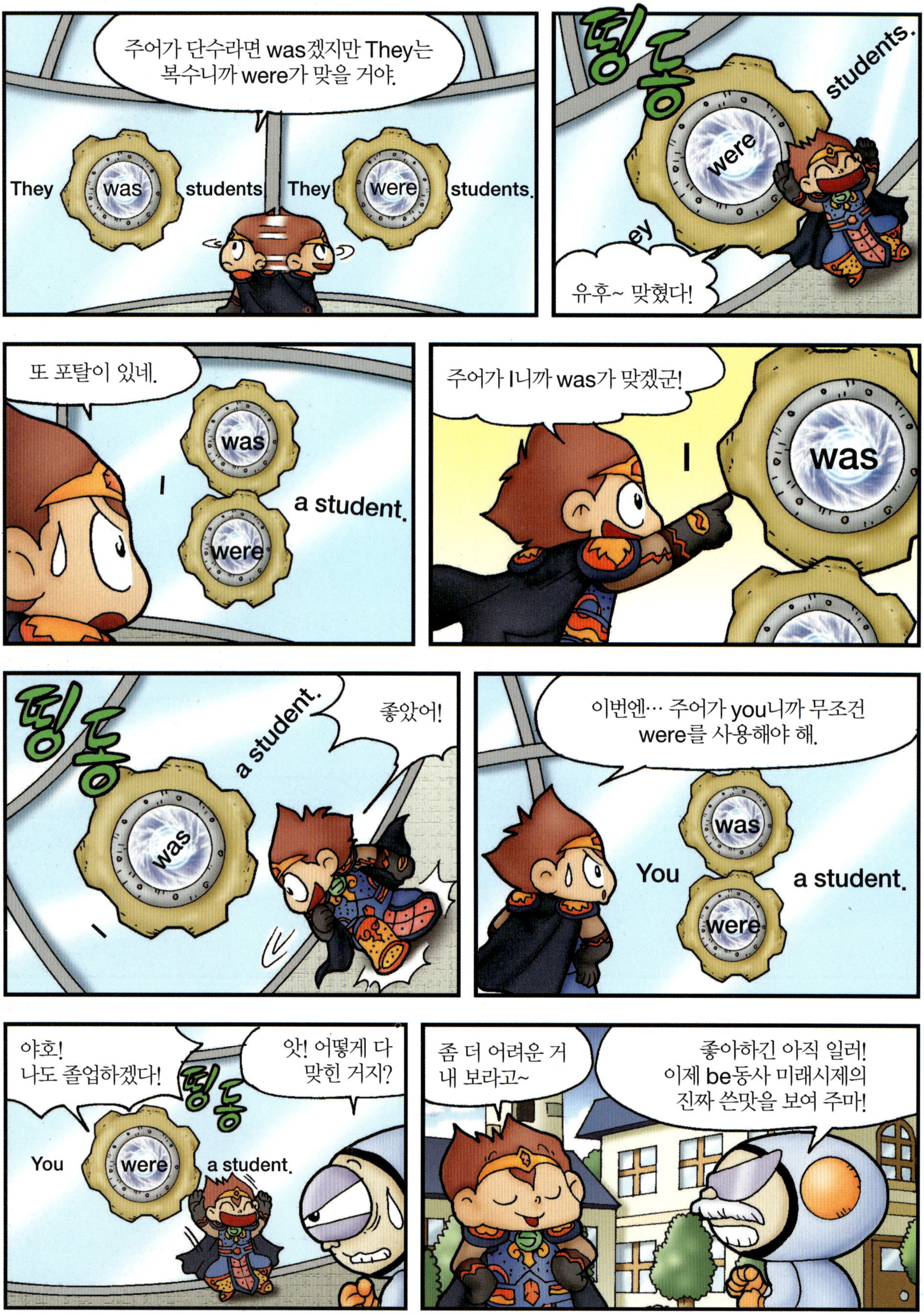

주어가 단수라면 was겠지만 They는 복수니까 were가 맞을 거야.
They was students
They were students.
띵동
They were students.
유후~ 맞혔다!
또 포탈이 있네.
I was a student.
I were a student.
주어가 I니까 was가 맞겠군!
I was
띵동
I was a student.
좋았어!
이번엔… 주어가 you니까 무조건 were를 사용해야 해.
You was a student.
You were a student.
야호! 나도 졸업하겠다!
띵동
You were a student.
앗! 어떻게 다 맞힌 거지?
좀 더 어려운 거 내 보라고~
좋아하긴 아직 일러! 이제 be동사 미래시제의 진짜 쓴맛을 보여 주마!

야! 비켜!

be동사의 미래시제는 무조건 will be만 쓰면 되는데 뭐가 쓴맛이야!

펑

어디 있다 이제 와?

뭐야, 벌써 끝이야?

I will be a wizard.
나는 마법사가 될 것이다.
She will be a teacher.
그녀는 선생님이 될 것이다.
We will be pilots.
우리는 조종사가 될 것이다.

나 겨우 이거 한 장면 출연하는 거야? 안 돼!!

아쉬우시면 이 팻말이라도 들고 계실래요?

뭔데?

뭐야? 이건.

주어		현재형	과거형	미래형
I	나는	am	was	will be
She He It	그녀는 그는 그것은	is	was	will be
You We They	너는, 너희는 우리는 그들은	are	were	will be

아무튼 오늘 수업 끝~

1 아래 문장을 보고 이 사람은 현재 어떤 일을 하고 있는지 오른쪽 그림에서 골라 보세요.

I was born in Seoul.

My dream was to be a doctor.

But I am a designer.

I want to be a famous singer.

I will be a popular singer in Korea.

2 그림을 보고 빈칸에 들어갈 be동사를 시간의 흐름에 맞춰 쓰세요.

과거 ➝ 미래

It _____ a seed.　　It is a bud.　　It _____ a flower.

They _____ eggs.　　They are chicks.　　They _____ hens.

It was a frog spawn.　　It _____ a tadpole.　　It _____ a frog.

3 be동사의 현재시제는 am, are, is 중 주어에 맞게 골라 쓰면 됩니다. 그림을 보고 빈칸에 알맞은 be동사를 쓰세요.

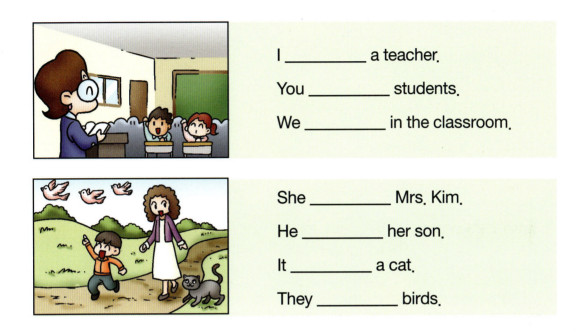

I _____ a teacher.

You _____ students.

We _____ in the classroom.

She _____ Mrs. Kim.

He _____ her son.

It _____ a cat.

They _____ birds.

4 be동사의 과거시제는 was나 were 중 주어에 맞게 골라 쓰면 됩니다. 주어를 보고 be동사의 과거형과 그 뒤에 이어질 말을 하나씩 골라 주어와 같은 색상으로 색칠해 주세요.

My mother	was	were	a doctor.	doctors.
They	was	were	my friend.	my friends.
It	was	were	a book.	books.
Gun	was	were	happy.	happily.

5 각 주어 뒤에 와야 하는 **be동사**가 적힌 물고기를 골라 동그라미 하세요.

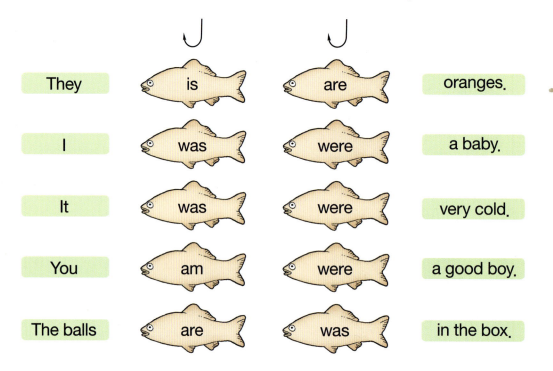

They	is	are	oranges.
I	was	were	a baby.
It	was	were	very cold.
You	am	were	a good boy.
The balls	are	was	in the box.

6 다음 문장을 미래시제 포탈로 통과시켜 미래시제 문장으로 바꿔 주세요. 빈칸에 어떤 동사가 들어가 야 할까요?

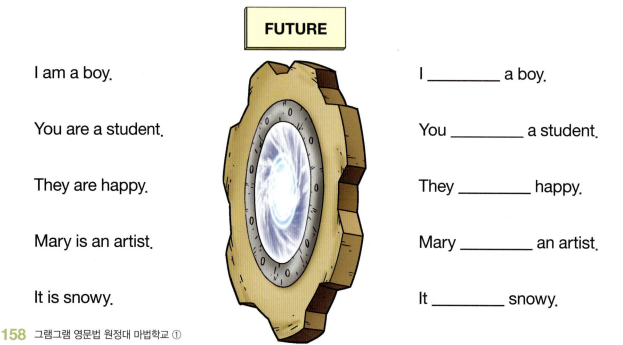

FUTURE

I am a boy.   I _____ a boy.

You are a student.   You _____ a student.

They are happy.   They _____ happy.

Mary is an artist.   Mary _____ an artist.

It is snowy.   It _____ snowy.

7 be동사를 잘못 쓴 문장이 하나 있어요. 사다리를 타고 가서 결과를 보면 알 수 있을 거에요. 틀린 문장을 아래에 올바르게 고쳐 써 주세요.

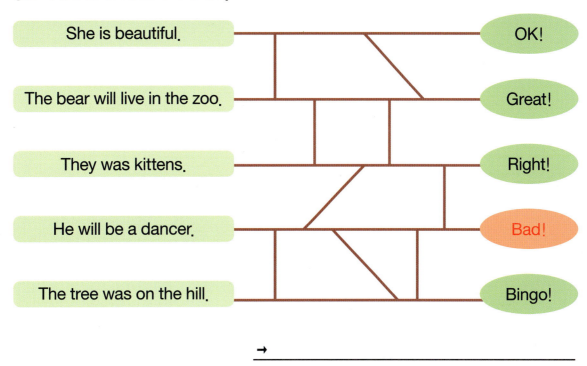

→ _____

8 be동사를 잘못 쓴 문장을 모두 골라 동그라미 하세요.

전치사란 무엇인가
장소전치사
시간전치사
There is ~, There are ~

06

전치사

전치사란 무엇인가

건! 우리 프레포 공원에 놀러 가는데 같이 가지 않을래?

프레포 공원?

네. 프레포 선생님이 만드신 전치사 놀이공원인데 정말 재미있어요!

안 가. 전치사가 있는 걸 보니 별로 재미없을 것 같구먼.

네가 감히 우리 학교의 자랑인 프레포 전치사 놀이공원을 무시하는 거냐?!

깜짝이야! 넌 또 왜 나타난 거야?

전치사가 뭔데 놀이공원까지 만들어 놓은 거야?

뭐라고?!

잘 들어. 전치사는 명사나 대명사 앞에서 정확한 장소와 시간, 방법 등을 나타내 주는 말이야.

장소 **under** the sea
바다 아래에

on the chair
의자 위에

시간 **at** night
밤에

in the morning
아침에

방법 **by** hand
손으로

by car
자동차로

우리말은 '~에' '~으로'와 같은 말을 낱말 끝에 붙여서 시간이나 장소, 방법을 알려 주잖아. 영어에서는 이런 경우 명사나 대명사 앞에 전치사를 써서 나타내.

I go **to** the park **by** bicycle **in** the afternoon.
나는 오후에 자전거로 공원에 간다.

이렇게 전치사를 이용하면 어디서, 언제, 누구와 있었는지 설명할 수 있다고.

I met him **in** the school.
나는 학교에서 그를 만났다.

I met him **at** 3 o'clock.
나는 세 시에 그를 만났다.

I met him **with** Lefty.
나는 레프티와 함께 그를 만났다.

알았어. 알았다고! 가면 되잖아!

이래도 재미없어?

쳇, 전치사고 뭐고 재미없기만 해 봐.

 # 장소전치사

전치사 놀이공원

건이는 왜 같이 안 놀지?

선생님이랑 안 좋은 추억이 있다는데요?

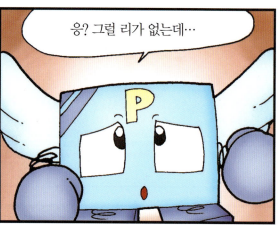

응? 그럴 리가 없는데…

그럴 리가 없다니! 예전에 네가 전치사 함정으로 날 얼마나 고생시켰는지 기억 안 나?!

아, 그때 장소전치사를 틀려서 큐브 안에 갇혀 있었던 게 너였구나.

어이! 그렇게 자세히 떠올리진 마!

전치사 놀이공원에서 놀다 보면 장소전치사는 쉽게 배울 수 있어요.

그 장소전치사 라는 게…?

명사나 대명사 앞에서 사람이나 물건이 있는 위치나 장소를 정확하게 말해 주는 게 장소전치사죠.

자자, 겁먹지 말고 일단 들어가서 놀면서 배워 봐~

알았으니까 밀지 마!

into 안으로

in 안

out (of) 밖, 밖으로

from ~로부터

to ~로, ~까지

in front of ~앞에

behind ~뒤에

over ~너머에, ~위에

between ~사이에

around ~주위에

on ~위에

under ~아래에

beside ~옆에

at ~에

across ~를 가로질러

Rightu sleeps under the tree.
라이투가 나무 아래에서 잠을 잔다.

Lefty is at Prepo Park.
레프티가 프레포 공원에 있다.

Mummies are in the pyramid.
미라들이 피라미드 안에 있다.

Newey is out of the pyramid.
뉴이가 피라미드 밖에 있다.

Two students walk to a lounge.
두 학생이 휴게실로 걸어 간다.

Students sit around the table.
학생들이 테이블 둘레에 앉아 있다.

Smally jumps into the pool.
스몰리가 수영장으로 뛰어 든다.

Grammpet Prepo flies over the roller coaster.
그램펫 프레포가 롤러코스터 위로 난다.

Vikio goes down the stairs.
비키오가 계단을 내려 온다.

Gun cries on the roller coaster.
건이가 롤러코스터에서 비명을 지른다.

Dark Shadow goes up the stairs.
다크 쉐도우가 계단을 오른다.

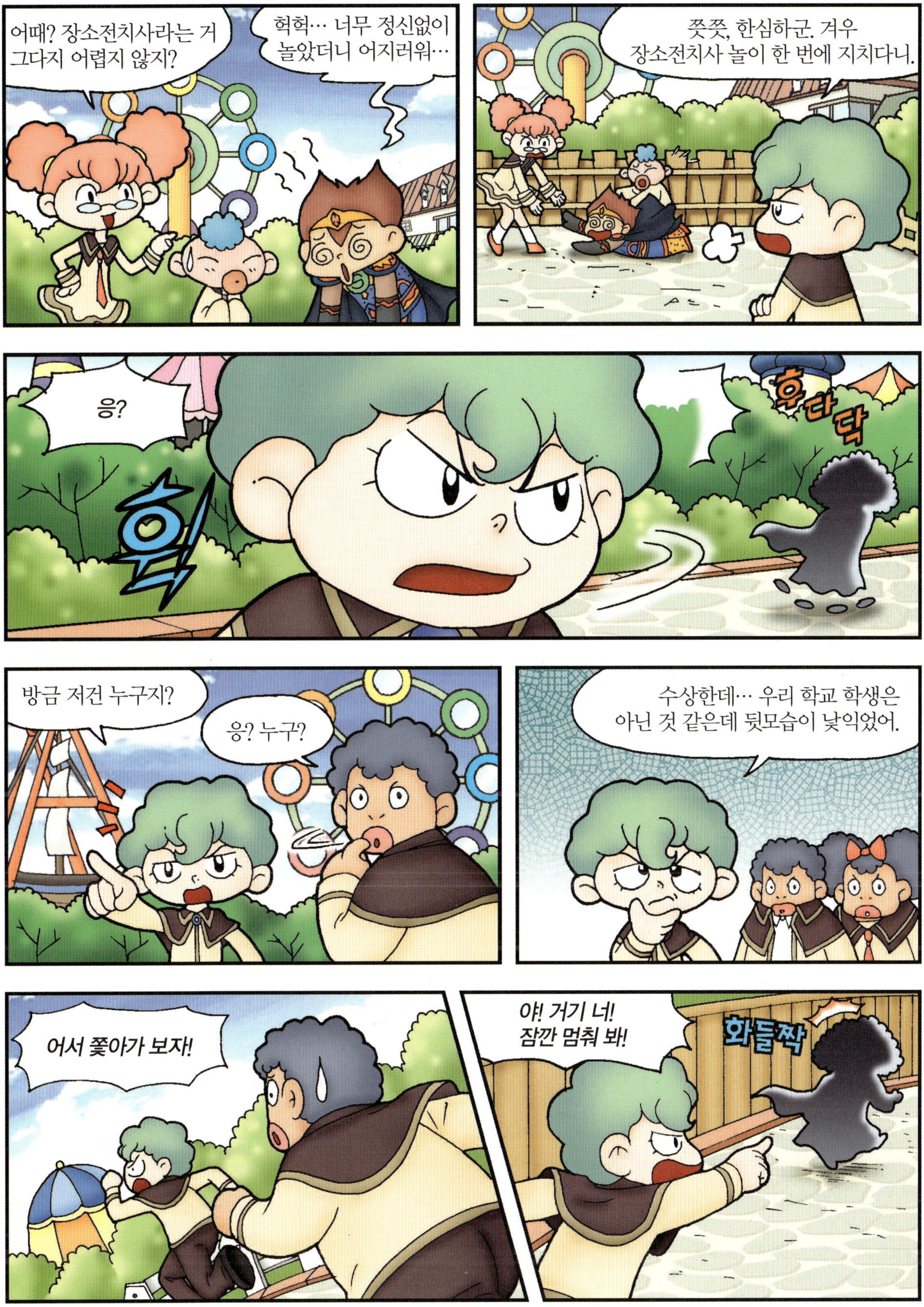
어때? 장소전치사라는 거
그다지 어렵지 않지?
헉헉… 너무 정신없이
놀았더니 어지러워…
쯧쯧, 한심하군. 겨우
장소전치사 놀이 한 번에 지치다니.
응?
휙
후다닥
방금 저건 누구지?
응? 누구?
수상한데… 우리 학교 학생은
아닌 것 같은데 뒷모습이 낯익었어.
어서 쫓아가 보자!
야! 거기 너!
잠깐 멈춰 봐!
화들짝

1 고양이가 숨어 있는 장소와 어울리는 말을 골라 선으로 이어 주세요.

on the sofa   under the table

beside the TV   in the bag

2 마법학교 친구들의 사진이에요. 각자 자신이 어디에 있는지 설명하고 있어요. 문장을 보고 각각 누가 한 말인지 영어 이름을 적어 보세요.

I'm in front of Vikio.   (   )   I'm behind Gun.   (   )

I'm beside Pio.   (   )   I'm in front of Bitna. (   )

I'm between Vikio and Pio. (   )

3   방 안에 여러 가지 물건들이 있어요. 질문에 알맞은 답을 골라 동그라미 하세요.

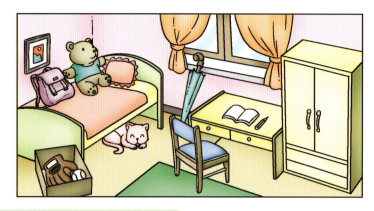

What is on the desk?	[A book / A ball]
What is on the bed?	[A hat / A doll]
What is in the box?	[A ball / A kite]
What is under the bed?	[A cat / A dog]
What is under the window?	[An umbrella / A bag]

4   건과 스몰리가 있는 곳을 바르게 말한 것에 동그라미 하세요.

[on the monsters
between the monsters]

[over the umbrella
under the umbrella]

[behind the house
in front of the house]

[at the bus stop
around the bus stop]

5 문장이 지시하는 내용에 따라 알맞은 자리에 과일을 그려 넣어 주세요.

Draw an apple in the basket.

Draw two apples on the table.

Draw an apple under the chair.

6 다음 그림을 보고 빈칸에 공통으로 들어가야 할 알맞은 전치사를 쓰세요.

He makes pottery _____ hands.

She sends it _____ mail.

I go to school _____ school bus.

They go on a trip _____ ship.

7 건이가 얄리 공주의 생일 파티 초대장을 받았어요. 빈칸에 알맞은 전치사를 쓰세요.

Yally's Birthday Party

When: Saturday, September 15
Time: 3 o'clock
Where: Grammwoods Garden
　　　 It is between Ulala's palace and Prepo Park.

Come here and have fun!

Today is Princess Yally's birthday. The birthday party is on September 15.
It starts at 3 o'clock. She has the party _____ the Grammwoods Garden.
The Grammwoods Garden is _____ Ulala's palace and Prepo Park.
Yally will prepare the party _____ her mom.
I will go _____ Smally and Newey. We will go there _____ bus.

8 건이가 방을 어질러 놓아서 쿠키가 어디에 있는지 쉽게 찾을 수가 없네요. 그림을 보고 아래 말들을 서로 하나씩 연결하다 보면 쿠키가 어디에 있는지 알 수 있을 거예요. 쿠키를 그림 속 알맞은 위치에 그려 보세요.

The box	•	•	are under the bed.
The shoes	•	•	is on the bed.
The book	•	•	is beside the box.
The cookies	•	•	are in the box.

 # 시간전치사

이봐! 넌 누군데 우리 학교 안을 멋대로 돌아다니는 거야?

쳇, 여기서 비키오에게 들킬 순 없지.

변신하라! 그램펫 프레포!

치잉

앗! 프레포 선생님이 변했어!

츄잉

쿵

프레포, 날 쫓아오지 못하게 뒤를 맡아라!

네, 다크 쉐도우님. 저만 믿으세요.

다크 쉐도우라고?

앗, 거기 서!

후다닥

척

프레포, 비키지 못 해?!

비키라고 하면 내가 비켜 줄 것 같아?
후후… 지금부터 네 녀석들과
시간전치사 놀이를 시작해 볼까?

씨익

꿀꺽…

쿵

뭐야?

여긴 어디지?

제군들, 시간전치사의
큐브에 갇히게 된 걸
환영한다.

시간전치사의
큐브라고?

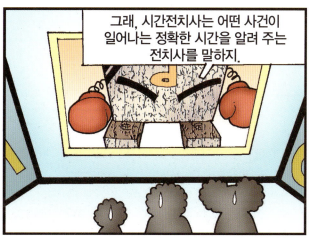

그래, 시간전치사는 어떤 사건이
일어나는 정확한 시간을 알려 주는
전치사를 말하지.

프레포, 네 녀석과 이럴 시간 없어! 어서 우릴 내보내 주지 못 해?

어이~ 진정하라고.

여기서 나가려면 지금부터 내가 보여 주는 시간전치사 힌트를 잘 보고 거기에 어울리는 시간전치사 문을 열고 나가라.

만약 시간전치사 문을 잘못 선택하면 영원히 그곳에 갇히게 돼. 크크…

그런데 네 녀석의 힌트를 어떻게 믿지?

뭐야? 난 항상 정정당당하게 게임을 한다고!

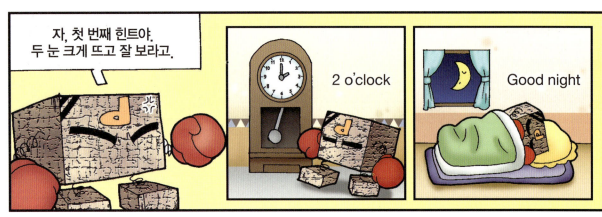

자, 첫 번째 힌트야. 두 눈 크게 뜨고 잘 보라고.

2 o'clock

Good night

'2시'랑 '밤'이라니, 무슨 힌트가 그래?

2 o'clock과 night 앞에 공통으로 들어갈 전치사를 고르라는 것 같은데?

그렇다면 시, 시각을 말할 때 사용하는 전치사 at이 정답이지! 저 문으로 나가자.

at

하앗, 그럴 리가…
뭔가 잘못 알고 있는 거겠지!

천만에! 우리는
학생회장을 믿어.

흠, 아무 일
없는 걸 보니
정답인 것 같은데?

역시 또 다른
큐브로 이어져 있군.

큭큭… 겨우 한번 운 좋게 맞힌 걸로
여길 나갈 수 있다고 생각하나?

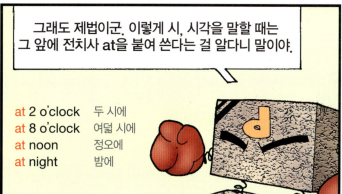

그래도 제법이군. 이렇게 시, 시각을 말할 때는
그 앞에 전치사 at을 붙여 쓴다는 걸 알다니 말이야.

at 2 o'clock   두 시에
at 8 o'clock   여덟 시에
at noon   정오에
at night   밤에

두 번째 힌트는
어려울 거다.

Sunday

Christmas Eve

끙~ '일요일'과
'크리스마스 이브'라…

아하! 요일이나 특별한 날 앞에는 on을 붙이지.
on Sunday, on Thanksgiving day 같은 말
들어 본 적 있지? 정답은 on!

그럼 on이 적힌 문으로 나가자.

호오~ 용케 두 번째 관문까지 통과했군. 특정한 날짜나 요일, 기념일 앞에는 on이 필요하다.

쳇, 또야?

on Sunday
일요일에

on Christmas Eve
크리스마스 이브에

on Thanksgiving day
추수감사절에

on June 4
6월 4일에

자, 마지막 문제까지 통과할 수 있을까?

2011

야호~

winter

이번 힌트는 '2011년'이랑 내가 제일 싫어하는 '겨울'이야.

에쉬!

정답은 in! in spring, in 2011이라고 쓰는 걸 많이 봤어. in은 계절이나 연도, 월 앞에 쓰지.

in January	1월에
in 2011	2011년에
in winter	겨울에
in spring	봄에

in

시간전치사라고 해서 잔뜩 긴장했는데 싱겁잖아?

이럴 수가! in까지 모두 맞히다니. 이렇게 쉽게 빠져나올 줄이야!

프레포! 이제 그만하고 비켜!

천…천만에… 전치사는 아직도 많이 남았다고!

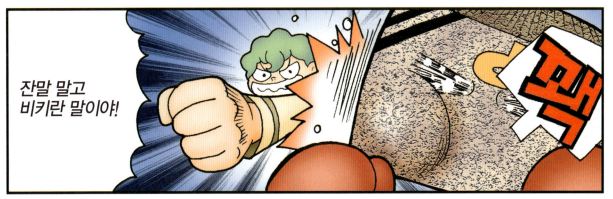

잔말 말고 비키란 말이야!

선생님으로 다시 돌아오셨네.

많이 아프겠다…

다크 쉐도우! 선량한 그램펫 선생님들을 다시 사악하게 만들고 이용하다니. 용서할 수 없다!

네 녀석의 정체를 내가 반드시 밝혀내고 말 테다!

다크 쉐도우라고? 어디어디?

넌 좀 빠져! 이건 학생회장인 내가 해결해야 할 문제라고.

그러니까 그게 누구냐고~ 궁금해 죽겠네!

1 각 문장을 보고 친구들이 각자 말하는 시간을 시침과 분침을 이용하여 시계에 그려 보세요.

I get up at seven thirty.

I have lunch at noon.

I eat breakfast at eight.

I have dinner at six.

2 건이와 빛나는 계절마다 무엇을 하는지 표를 보고 문장을 완성하세요. 계절 앞에는 어떤 전치사를 쓰는지 잘 생각해 보세요.

	spring	summer	fall	winter

Gun draws a picture _____ _____.

Gun makes a snowman _____ _____.

Gun plays baseball _____ _____.

Bitna goes hiking _____ _____.

Bitna reads books _____ _____.

3   그램펫 프레포가 다른 시간전치사가 들어가는 문장을 하나 끼워 놓았네요. 문장의 빈칸을 모두 채우고, 어느 문장인지 동그라미 해 보세요.

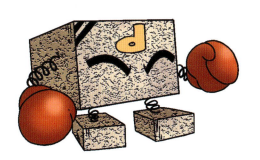

Bitna gets up _____ six.

She goes to school _____ 8 o'clock.

She has lunch _____ noon.

She goes home _____ 2 p.m.

She watches TV _____ the evening.

4   마법학교 친구들의 생일이 신기하게도 모두 4월이군요. 달력을 보고 빈칸에 알맞은 시간전치사를 써서 생일을 말해 보세요.

April

SUN	MON	TUE	WED	THU	FRI	SAT
				1	2	3
4	5	6	7	8	9	10
11	12	13	14	15	16	17
18	19	20	21	22	23	24
25	26	27	28	29	30	

When is your birthday?

My birthday is _____ April.

My birthday is _____ spring.

My birthday is _____ April Fools' Day.

5 건이의 이번 주 방과 후 계획표입니다. 요일마다 어떤 활동을 하는지 그림을 보고 시간전치사와 요일을 쓰세요.

MON	TUE	WED	THU	FRI	SAT

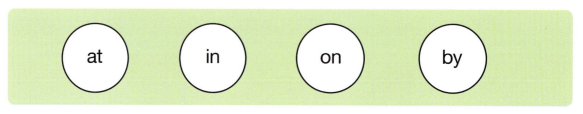

I play tennis with my friend _____ _____.

I swim in the pool _____ _____.

I draw pictures _____ _____.

I ride a bike in the park _____ _____.

I go to the library and read books _____ _____.

6 문장의 빈칸에 들어갈 시간전치사를 골라 쓰고, 사용한 전치사는 하나씩 색칠해 보세요. 색칠을 하지 않게 되는 전치사는 과연 무엇일까요?

(at) (in) (on) (by)

Children have dinner _____ six.

We go to the beach _____ summer.

I play soccer _____ Sunday.

Christmas is _____ December 25.

I learned Chinese _____ 2010.

7 빈칸에 알맞은 전치사를 보기에서 골라 쓰세요.

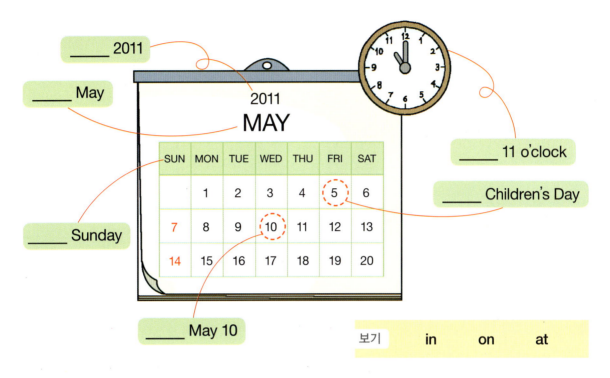

_____ 2011

_____ May

_____ Sunday

_____ May 10

2011
MAY

SUN	MON	TUE	WED	THU	FRI	SAT
	1	2	3	4	5	6
7	8	9	10	11	12	13
14	15	16	17	18	19	20

_____ 11 o'clock

_____ Children's Day

보기   in   on   at

★
8 건이가 친구를 소개하는 글을 쓰고 있어요. 그런데 시간전치사가 생각나지 않아 전치사 자리를 비워 두었네요. 알맞은 시간전치사를 빈칸에 쓰세요.

This is my friend, Bitna.

Her birthday is _____ Children's Day.
She likes winter.
She skates _____ winter.

She goes to school _____ 8 o'clock.
She does her homework _____ the afternoon.
She watches TV _____ the evening.
She helps her mother _____ Saturday.

There is~, There are~

한편, 그램우즈 왕궁에서는…

여기가 얄리의 방이란다.

헉, 이 탑 꼭대기까지 올라가야 하나요?

문이 잠겨 있어요.

별일이구나… 얄리가 문에 암호를 걸어 놓다니.

얄리야! 현관문 좀 열어 주겠느냐?

어라? 대답이 없네.

잠드신 게 아닐까요?

이 문은 There 암호문으로 잠겨 있어서 열어 드릴 수 없습니다.

깜짝이야! 손잡이가 또 말을 하네?!

그럼 이 문도 지난번 다크 프린세스의 방처럼 문제를 맞혀야 열리는 건가?

그렇습니다. There를 사용해 질문에 답하십시오.

There를 사용해서 답하라고?

there를 사용해서 사람이나 사물이 어디에 있다고 말할 땐 'There + be동사 + 사람/사물 (+장소)' 순서로 말해야 해.

There is a book.
There is a book on the desk.

한 권의 책이 있다.
책상 위에 한 권의 책이 있다.

그리고 사람이나 사물이 단수일 때는 is를, 복수일 때는 are를 사용한다는 걸 명심해야 한단다.

There is a candle in the box.
상자 안에 양초 한 개가 있다.

There are many candles in the box.
상자 안에 많은 양초들이 있다.

그럼 문제입니다. 잘 듣고 답하십시오.

Who is there in this room?
이 방 안에 있는 사람은 누구입니까?

그렇다면⋯ There is a princess in this room.
공주님이 이 방 안에 있습니다.

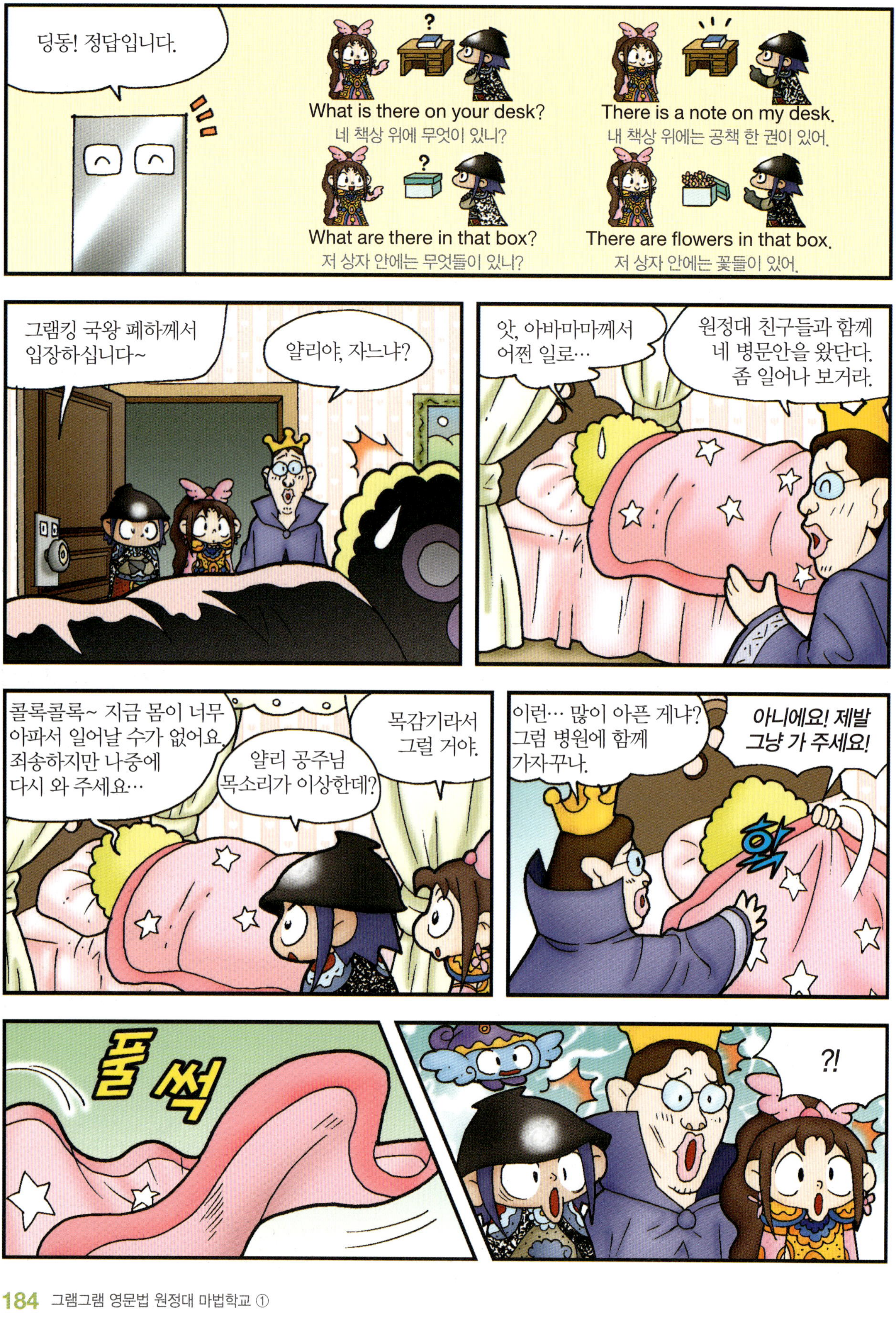

딩동! 정답입니다.
?
What is there on your desk?
네 책상 위에 무엇이 있니?
There is a note on my desk.
내 책상 위에는 공책 한 권이 있어.
?
What are there in that box?
저 상자 안에는 무엇들이 있니?
There are flowers in that box.
저 상자 안에는 꽃들이 있어.
그램킹 국왕 폐하께서 입장하십니다~
얄리야, 자느냐?
앗, 아바마마께서 어쩐 일로…
원정대 친구들과 함께 네 병문안을 왔단다. 좀 일어나 보거라.
콜록콜록~ 지금 몸이 너무 아파서 일어날 수가 없어요. 죄송하지만 나중에 다시 와 주세요…
얄리 공주님 목소리가 이상한데?
목감기라서 그럴 거야.
이런… 많이 아픈 게냐? 그럼 병원에 함께 가자꾸나.
아니에요! 제발 그냥 가 주세요!
휙
풀썩
?!

혁, 당신은 X맨이잖아!

야! 지금은 X맨 아니거든? 왕실 시종관이라고!

시종관! 얄리는 어딜 가고 자네가 여기 있는 건가?

사실 그게… 얄리 공주님께서 급하게 어딜 가셔야 한다면서 저 보고 대신…

어이쿠! 감기몸살로 누워 있겠다는 거짓말까지 하고선 어딜 갔단 말인가…

그건 저도 잘 모르겠습니다. 저… 그리고…

공주님께서 다크그램 마법봉도 필요하다고 갖고 가셨습니다…

뭣이! 아니, 얄리가 그 위험한 걸 가져갔다고?!

저는 절대로, 절대로 안 된다고 말렸습니다!

시종관! 어서 얄리 공주를 찾도록 하게! 나도 곧 왕실 수색대를 시켜 찾아볼 테니!

네! 폐하!

이게 뭔 일이래?

그러게. 얄리 공주가 행방불명이라니…

허둥지둥

그런데 그 건방진 꼬마 녀석은 안 보이는구나.

X맨… 아니 시종관님, 건이는 지금 그램그램 마법학교에 있어요.

그게 무슨 말이냐?

건이가 센텐스님께 투정 부리면서 잘난 척하다 그렇게 됐어요.

흠… 그렇다면 얄리 공주님이 어디 가셨는지 짐작이 가는구나.

그럼 난 이제 공주님을 찾으러 가야 하니 나중에 또 보자꾸나!

잠깐만요! 옷은 갈아입고 가셔야죠.

아 참! 내 정신 좀 보게.

본래 모습으로 변신!

어흠~

헉, 이 모습이 X맨… 아니 시종관님의 본래 모습이라고요?

전혀 못 믿겠어요! 이미지가 전혀 다른 걸요?

왜 이래? 이게 진짜 모습이라니까!

아, 너희들도 얄리 공주님을 찾으러 같이 가겠니?

네! 얄리 공주님을 찾는 일이라면 저희도 가만있을 수는 없죠.

가면 골치 아플 것 같은데…

자, 어서 타거라. 왕실 전용 비행선이란다.

자, 얄리 공주님을 찾으러 출발!

와아! 신난다~

왠지 예감이 안 좋아…

슈우웅

1 다음 문장이 가리키는 사람은 과연 누구일까요? 그림을 보고 괄호 안에 그 사람의 영어 이름을 쓰세요.

There is a girl in front of the hospital. (   )

There is a boy at the bus stop. (   )

There are some students in the school. (   )

2 다음 그림을 보고 There is나 There are 중에서 하나를 골라 빈칸에 쓰세요.

_____ _____ many cookies in the box.

_____ _____ a cake beside the box.

_____ _____ two apples in the fridge.

_____ _____ a cat on the fridge.

_____ _____ a tree in the picture.

_____ _____ a dog under the tree.

3 다음 그림은 울랄라 여왕의 거실입니다. 아래 문장이 그림의 내용과 맞으면 O, 틀리면 X를 네모 안에 써 주세요.

There are cats under the sofa. ☐   There is a flower on the piano. ☐

There is a king in the living room. ☐   There are clocks over the wall. ☐

★
4 그림을 보고 문장을 완성해야 하는 문제입니다. **There is**나 **There are**를 먼저 쓰고 그 뒤에 주어진 명사를 알맞은 형태로 쓰면 된답니다. 한번 풀어 볼까요?

chocolate bars

frog

<u>There are five chocolate bars</u> in the box.   _____ on the rock.

apple

children

_____ under the tree.   _____ in the picture.

2권 수업 시간표

1. 문장　　　2. 접속사　　　3. 의문사　　　4. to 부정사

5. 동명사　　　6. 현재 진행형　　　7. 조동사　　　8. 비교급과 최상급

Next Story

마법학교에 갑자기 나타난 의문의 다크 쉐도우의 악행은 점점 더해져만 가고,
비키오와 건은 다크 쉐도우의 정체를 밝히기 위해 본격적으로 나서기 시작한다.
빛나와 피오는 불길한 예감을 느끼며 X맨과 함께 얄리 공주를 찾으러 떠나는데…

그램그램 영문법 마법학교 졸업시험

정답

명사 ①

Page 26~29

1. dog, horse, nurse, onion, grape

2. 장소 : store, hospital, Korea, house
   사람 : baby, Gun, mother, Smally
   물건 : carrot, car, tree, glove

3.

	O							
M	I	L	K	M	O	N	K	E	Y
	L			O				
		L	O	N	E	Y		
	C		O		E			D
	U		V	Y	E	L	L	O	W
	P	I	E				E	
				J	U	M	P	
	A					O	
T	A	B	L	E		A	N	D

4. five books, two cats, seven dolls

5. (1) two benches (2) Love
   (3) babies   (4) many books
   (5) church

6.

   four glasses   two dishes

   three keys

7.

   a bottle of milk   a piece of pizza

   a glass of juice   a cup of coffee

   a bar of chocolate   a slice of cheese

8. men, women, feet
   mice, geese, children

명사 ②

Page 34~37

1. an orange, a bag, an egg, a pencil

2. a : book, car, hat
   an : ant, ice cream, elephant

3. north, air, moon, earth, world

4. This is a envelop.   (X)
   The Mary likes me.   (X)
   I have an uncle.   (O)
   The sun is hot.   (O)
   There are stars in a sky.   (X)

5. My father is a teacher.
   The earth is round.
   We have no class on X Sunday.
   I have an aunt.

The sun is in the sky.

6. a ball in the box
   a bird on the tree
   a car in the street
   an orange on the table

7. I have a bag.
   It's the sun.
   It's an ice cream.
   The dogs are small.

8. There is a cat in the garden.
   The cat has black stripes.
   The cat is very cute.

   The classroom is very cold.
   The students say,
   "Please close the door and the windows!"

 명사 ③

Page 44~47

1. He is fat.
   She is smart.
   They are friends.
   We are students.

2. My lips are thick.
   His hair is red.
   Her glasses are very big.
   Our front teeth are black.

3.

 me   her

 him   we   you

4. She will meet (them) tomorrow.
   He want to be a singer like (him).
   He will go there with (her).

5. (I, me) go on a school trip to Jejudo.
   She leads (you, your) and (I, me).
   We have dinner with (she, her).
   They look after (she, her) and (he, him).
   My father waits for (we, us) at the station.
   Our teacher selects (you, your) for (we, our) team.

6. ① She
   ② her
   ③ her
   ④ Her
   ⑤ She

7. Hi, (my) name is Joe.
   (My) brother is a doctor.
   (His) name is Jonathan.
   And (my) sister is a pilot.
   (Her) name is Josephine.
   (Her) husband is a baseball player.

(His) name is Tom.
And these are (my) dog and cat.
(Their) names are Jun and Jin.
I love (them) so much.

 **명사 ④**

Page 54~57

1. <u>That</u> is a bird.   <u>This</u> is a cat.
   <u>These</u> are flowers.   <u>Those</u> are trees.

2.

   <u>These</u> are <u>dishes</u>.   <u>Those</u> are <u>apples</u>.

   <u>That</u> is <u>a rose</u>.   <u>This</u> is <u>a book</u>.

3. (This) is a watch.
   (Those) are keys.
   (This) rabbit is cute.
   (These) tomatoes are sweet.
   (These) children are lovely.
   (Those) mice are big.

4. <u>It</u> is green.
   <u>They</u> taste sweet.
   <u>It</u> is very pretty.
   <u>It</u> stands on the hill.
   <u>They</u> make milk.

5. <u>They</u> are on the table.
   <u>It</u> is under the table.
   <u>They</u> are between Game-Mons.

<u>It</u> is beside the table.

6. Smally raises they. (→ it)
   We love they. (→ them)
   My mom likes it (→ them) very much.
   She wanted they. (→ it)

7. ① These
   ② They
   ③ Those
   ④ them
   ⑤ This
   ⑥ It
   ⑦ That
   ⑧ it

 **명사 ⑤**

Page 62~65

1. we(my)aero(your)aeourtfd(their)adfid(his)e
   riue(its)eriue(her)

2. It is <u>his</u> watch. It is <u>her</u> dog.
   They are <u>her</u> balloons.
   <u>His</u> cap is green and and <u>her</u> cap is pink.

3. It's <u>my</u> umbrella.
   They're <u>your</u> books.
   They're <u>her</u> <u>bananas</u>.
   They're <u>his</u> <u>cats</u>.

4. <u>His</u> book is interesting.
   <u>Her</u> cup is expensive.
   <u>Their</u> classroom is cold.
   They are <u>our</u> friends.

5.

It is my <u>teacher's</u> <u>chalk</u>.
It is the <u>singer's</u> <u>mike</u>.
It is the <u>doctor's</u> <u>stethoscope</u>.
It is the <u>artist's</u> <u>brush</u>.

6. four legs <u>of</u> chair
the president <u>of</u> our company
the lid <u>of</u> this box
the capital city <u>of</u> America

7. sisters' bed
cats' milk
Pio's cape

8. Yes, <u>my</u> name is Pio.
No, it is <u>Bitna's</u> camera.
No, it is <u>Gun's</u> ball.
Yes, those are <u>their</u> sandwiches.
She is the princess <u>of</u> Grammwoods.

동사 ① Page 74~77

1.

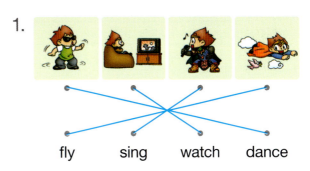

fly   sing   watch   dance

2. I ((play) / call) soccer at five.
I (think / (have)) a dinner at six.
I ((watch) / make) TV at seven.
I (write / (read)) a book at eight.
I ((go) / say) to bed at ten.

3.

4. He <u>rides</u> a bike.
She <u>washes</u> her face.
They <u>play</u> baseball.
We <u>eat</u> these bananas.

5. Grammpet Verb <u>runs</u> in the playground.
Vikio <u>listens</u> to music.
Gun and his friends <u>eat</u> some candies.
Smally <u>reads</u> a newspaper.

6. Bitna plays badminton with her friend.
Newey does homework at the library.
Peter washes his hands first at home.
Pio catches the ball in the playground.

7.

8. I swim in the sea.
We cook for dinner.
My mother drinks coffee.
He makes a robot with Pio.
Yally loves Gun. 또는 Yally likes Gun.

 동사 ②

Page 84~87

1.
am – I
are – You They We
is – He She It

2. I am a student.
They are smart.
She is happy.
You are my friend.
He is in the room.

3. We are pilots.
They are mice.
We are pianists.
They are children.

4. ~~I~~ We am a teacher.
~~You~~ She is a cook.
~~It~~ He is my father.
She ~~We~~ are girls.
~~It~~ They are feet.

5. I am a tiger.
You are in the sea.
She is a fox.
They are in the cage.

6. The cats are in the basket.
My puppy is cute.
Gun and Smally are in the magic school.
These shoes are yellow.

7. Hello. My name am(→is) Gun.
I are(→am) a student in GramGram Magic School.
I live in Seoul. I like magic items.
I have many friends.
Bitna are(→is) very smart.
Pio is very strong.
They is(→are) very kind to me.
We is(→are) good friends.

8. Is he a doctor?   Yes, he is.
Is she a teacher?   No, she isn't.
Are they students?   Yes, they are.

형용사 ①

Page 98~101

1.
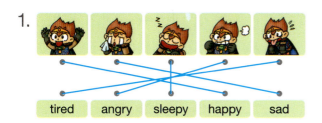

tired   angry   sleepy   happy   sad

2. fifteen blue circles
   twelve red triangles
   eight green squares
   twenty yellow stars

3. fast ——— dirty
   clean ——— ugly
   smart ——— weak
   strong ——— foolish
   beautiful ——— slow

4. Gun ☐ buys ☑ shoes.
   Smally and Newey ☐ are ☑ friends ☐
   to me.
   I ☐ have ☐ a ☑ pencil.
   She ☐ knows ☐ the ☑ guy in England.

5. It's a red fish. → The fish is red.
   It's a thick book. → The book is thick.
   It's a yellow bird. → The bird is yellow.
   It's a long pencil. → The pencil is long.

6.

Your hands 〔 dirty 〕 are.

→ Your hands are dirty.

7. It's a big animal. It's heavy. It has four
   legs. It has a long nose and two large
   ears. What is it?
                          It is an elephant.
   It's a cute animal. It's white. It has two
   long ears. It can jump well. What is it?
                          It is a rabbit.

8. It's winter. It's cold and snowy.
   It's summer. It's hot.
   It's spring. It's warm.
   It's fall. It's sunny and cool.

형용사 ②

Page 110~113

1.

many   a few   few

much   a little   little

2.
MANY	MUCH
ball, cookie	bread, juice
flower, cup	cheese, milk

3. a little (wine)   a few (oranges)

little

few

sugar

books

4. I have <u>some</u> bread.
   I have <u>some</u> eggs.
   I don't have <u>any</u> meat.
   I have <u>some</u> milk.
   I don't have <u>any</u> apples.

5. Do you have <u>some</u> milk?
   No, I don't have <u>any</u> milk.
   You have <u>no</u> milk.
   Do you have <u>some</u> apples?
   No, I have <u>no</u> apples.
   You don't have <u>any</u> apples.

6. I have no cookies.   (O) _____
   I have some cheese.   (O) _____
   I have <u>little</u> juice.   (X) <u>a little</u>
   I have a few vegetables.   (O) _____
   I don't have <u>some</u> bread. (X) <u>any</u>

7. I plant ((some) / any) trees.
   I plant ((many) / much) flowers.
   I plant (a little / (a few)) vegetables.
   There are (much / (a lot of)) butterflies
   over the flowers.

 부사 ①   Page 122~125

1. I study (hard).
   The boy runs (fast).
   This kettle is (really) hot.
   The elephant is (too) big.

2. strong   ➜   strongly
   happy   ➜   happily
   quick   ➜   quickly
   sad   ➜   sadly
   careful ➜   carefully

3.

p r e t t i l y
f a s t
s a d l y
h a p p i l y
l o n g
e a r l y

   I can solve the puzzle <u>easily</u>.

4. He gets up <u>early</u>. ➜ (late)
   He walks <u>slowly</u>. ➜ (fast)
   He goes <u>down</u> the stairs. ➜ (up)
   He studies <u>high</u>. ➜ (hard)

5. Gun is a <u>fast</u> runner.
   The rabbit runs <u>fast</u>.

   This is a <u>high</u> mountain.
   The bird flies <u>high</u>.

   It's a <u>hard</u> rock.
   I exercise <u>hard</u>.

   He eats <u>early</u> breakfast.
   He gets up <u>early</u>.

6. Judy is <u>very pretty</u>.
   My watch is <u>too expensive</u>.
   Harry plays <u>soccer well</u>.

7. Ann (never) walks to school.

Eric (sometimes) walks to school.
Sora (often) walks to school.
Jiho (always) walks to school.

 시제 ①　　　　　Page 136~139

1.
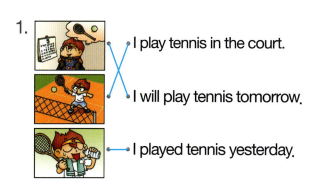

I play tennis in the court.

I will play tennis tomorrow.

I played tennis yesterday.

2.

(2)　　(1)　　(3)

(1)　　(3)　　(2)

3.

4.
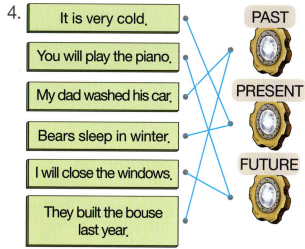

It is very cold.

You will play the piano.

My dad washed his car.

Bears sleep in winter.

I will close the windows.

They built the bouse last year.

PAST

PRESENT

FUTURE

5. The rabbit (runs) fast.
They (carry) the boxes.
A girl (plaies) the piano.(➡plays)
We (listen) to music.

6. Mary likes dogs.　　☑
I go to the library.　☑
They eat apples.　　☑
I help my father.　　☑

7. Mary comes home at 4o'clock after school.
Her mother cooks for Mary and her brother.
Mary helps her mother.
Her brother watches TV in the evening.

8. Newey listens to music.
Smally and Momo wear hats.
Gun eats ice cream.
A duck swims in the lake.

🧸 시제 ②

Page 148~151

1.

Gun drew a bird.

Newey opened the box.

Smally bought the bag.

2. He helped his friends.
She liked cookies.
The baby cried all day.
I lived in Jejudo.
We wanted some water.
My mom dried her hair.

3.

drew   found

broke   went

read   saw

4. He got up early.
I wrote with a pencil.
We ate rice for breakfast.
The rabbit ran fast.
They made kites.

5.

I draw some pictures on Sunday.

I visited Japan last Saturday.

6. Bitna will read a book.
Pio will play the guitar.
Gun will take pictures.
Sentence will make cookies.

7. will paints ➡ will paint
wills water ➡ will water
wills plays ➡ will play
wash will ➡ will wash
will sang ➡ will sing

8. My family will go on a picnic.
I will play soccer with my friends.
The horse will run very fast.
A baby will cry.

🧸 시제 ③

Page 156~159

1.

2. It was a seed.
It will be a flower.
They were eggs.
They will be hens.

It <u>is</u> a tadpole.
It <u>will be</u> a frog.

3. I <u>am</u> a teacher.
You <u>are</u> students.
We <u>are</u> in the classroom.

She <u>is</u> Mrs. Kim.
He <u>is</u> her son.
It <u>is</u> a cat.
They <u>are</u> birds.

4.
My mother　was　a doctor.
They　were　my friends.
It　was　a book.
Gun　was　happy.

5. They are oranges.

I　was　a baby.

It　was　very cold.

You　were　a good boy.

The balls　are　in the box.

6. I <u>will be</u> a boy.
You <u>will be</u> a student.
They <u>will be</u> happy.
Mary <u>will be</u> an artist.
It <u>will be</u> snowy.

7. They was kittens. ➜ <u>They were kittens.</u>

8.
He are a man.

Bitna were hungry.

I are Grammpet Tense.

전치사 ①
Page 168~171

1. on the sofa　under the table

beside the TV　in the bag

2. I'm in front of Vikio.　(Gun)
I'm behind Gun.　(Vikio)
I'm beside Pio.　(Bitna)
I'm in front of Bitna.　(Newey)
I'm between Vikio and Pio.　(Bitna)

3. [A book / A ball]
[A hat / A doll]
[A ball / A kite]
[A cat / A dog]
[An umbrella / A bag]

4. between the monsters
   under the umbrella
   in front of the house
   at the bus stop

5.

6. He makes pottery <u>by</u> hands.
   She sends it <u>by</u> mail.
   I go to school <u>by</u> school bus.
   They go on a trip <u>by</u> ship.

7. She has the party <u>in</u> the Grammwoods
   Garden. The Grammwoods Garden
   is <u>between</u> Ulala's palace and Prepo
   Park. Yally will prepare the party <u>with</u>
   her mom. I will go <u>with</u> Smally and
   Newey.
   We will go there <u>by</u> bus.

8.
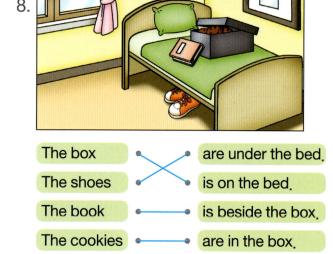

The box	are under the bed.
The shoes	is on the bed.
The book	is beside the box.
The cookies	are in the box.

전치사 ②   Page 178~181

1.
   I get up at seven thirty.

   I have lunch at noon.

   I eat breakfast at eight.

   I have dinner at six.

2. Gun draws a picture <u>in</u> <u>fall</u>.
   Bitna goes hiking <u>in</u> <u>summer</u>.
   Gun makes a snowman <u>in</u> <u>winter</u>.
   Bitna reads books <u>in</u> <u>fall</u>.
   Gun plays baseball <u>in</u> <u>spring</u>.

3. Bitna gets up <u>at</u> six.
   She goes to school <u>at</u> 8 o'clock.
   She has lunch <u>at</u> noon.

She goes home <u>at</u> 2 p.m.
<u>She watches TV <u>in</u> the evening.</u>

4. My birthday is <u>in</u> April.
My birthday is <u>in</u> spring.
My birthday is <u>on</u> April Fools' Day.

5. I play tennis with my friend <u>on</u> <u>friday</u>.
I swim in the pool <u>on</u> <u>Wednesday</u>.
I draw pictures <u>on</u> <u>Monday</u>.
I ride a bike in the park <u>on</u> <u>Saturday</u>.
I go to the library and read books <u>on</u>
<u>Tuesday</u>.

6. (by)

Children have dinner <u>at</u> six.
We go to the beach <u>in</u> summer.
I play soccer <u>on</u> Sunday.
Christmas is <u>on</u> December 25.
I learned Chinese <u>in</u> 2010.

7. <u>in</u> 2011
<u>in</u> May
<u>on</u> Sunday
<u>on</u> May 10
<u>on</u> Children's Day
<u>at</u> 11 o'clock

8. Her birthday is <u>on</u> Children's Day.
She likes winter.
She skates <u>in</u> winter.

She goes to school <u>at</u> 8 o'clock.
She does her homework <u>in</u> the
afternoon.

She watches TV <u>in</u> the evening.
She helps her mother <u>on</u> Saturday.

 전치사 ③   Page 188~189

1. There is a girl in front of the hospital.
(Bitna)

There is a boy at bus stop.   (Gun)
There are some students in the school.
(Smally and Newey)

2. <u>There</u> <u>are</u> many cookies in the box.
<u>There</u> <u>is</u> a cake beside the box.
<u>There</u> <u>are</u> two apples in the fridge.
<u>There</u> <u>is</u> a cat on the fridge.
<u>There</u> <u>is</u> a tree in the picture.
<u>There</u> <u>is</u> a dog under the tree.

3. There are cats under the sofa.   O
There is a flower on the piano.   X
There is a king in the living room.   O
There are clocks over the wall.   X

4. <u>There is a frog</u> on the rock.
<u>There is an apple</u> under the tree.
<u>There are four children</u> in the picture.

그램그램 **영문법 원정대**

지은이 | 장영준
구성 · 그림 | 나석환 · 뮤토

초판 1쇄 찍음 | 2011년 4월 15일
초판 1쇄 펴냄 | 2011년 4월 20일

펴낸이 | 윤철호
펴낸곳 | (주)사회평론
등록번호 | 제10-876호(1993년 10월 6일)
전화 | 02-326-1185(영업) 02-326-1542(편집)
팩스 | 02-326-1626
주소 | 서울시 마포구 서교동 247-14 임오빌딩 3층

편집진행 | 김보은 박혜진
편집팀 | 박은희 김보은 송수정 박혜진 김현영
영업팀 | 이승필 백미숙
디자인 | design Vita

값 10,800원

ISBN 978-89-6435-345-5 77740